展现科技发展辉煌成就 讴歌自主创新中国力量

丛书总主编
倪光南

善数者成
大数据改变中国

涂子沛 郑磊 编著

人民邮电出版社
北 京

图书在版编目（CIP）数据

善数者成：大数据改变中国 / 涂子沛，郑磊编著
. -- 北京：人民邮电出版社，2019.9（2024.3重印）
（科技改变中国）
ISBN 978-7-115-51861-3

Ⅰ．①善… Ⅱ．①涂… ②郑… Ⅲ．①数据处理－信
息产业－产业发展－研究－中国 Ⅳ．①F492

中国版本图书馆CIP数据核字(2019)第171673号

内 容 提 要

数据自古有之，它是对万事万物的精确刻画，也是对客观世界的普遍记录。伴随着信息爆炸
与技术革新，大数据正以排山倒海之势席卷世界，影响着社会生产生活的方方面面，不断被赋予
新的时代使命。

中华人民共和国成立 70 年来，我国的人口资源、社会活跃程度均全球领先，海量数据资源
亦与之相伴相生。应该说，数据之大，"大容量"只是表象，"大价值"才是根本。本书以大数
据为主线，探索数据价值，系统梳理大数据发展的历史渊源、发展概况、应用场景、远景规划，
从政治、社会、经济、生态等多个维度，透视大数据在各行各业给中国带来的改变。

本书旨在通过真实的故事和有温度的文字，普及知识，启迪思考，唤起大众对大数据的兴趣
与喜爱，书写科技和社会进步的篇章。

◆ 编　　著　涂子沛　郑　磊
　　责任编辑　王　威　贺瑞君
　　责任印制　陈　犇

◆ 人民邮电出版社出版发行　北京市丰台区成寿寺路 11 号
邮编　100164　电子邮件　315@ptpress.com.cn
网址　http://www.ptpress.com.cn
固安县铭成印刷有限公司印刷

◆ 开本：720×960　1/16
印张：15.25　　　　　　　　2019 年 9 月第 1 版
字数：237 千字　　　　　　 2024 年 3 月河北第 2 次印刷

定价：69.00 元

读者服务热线：**(010)81055552**　印装质量热线：**(010)81055316**
反盗版热线：**(010)81055315**
广告经营许可证：京东市监广登字20170147号

"科技改变中国"丛书

总策划

顾　翀　张立科

人民邮电出版社有限公司

杭州电子科技大学融媒体与主题出版研究院　　联合组编

编辑工作委员会

主　任

张立科　韩建民

副主任

王　威　李　际

委　员

刘玉一　韦　毅　贺瑞君　刘盛平　梁海滨　易东山

李海涛　刘　劲　张康印　贾安坤　吴大伟　陈万寿

王维民　哈宏疆　杨海玲　邓昱洲　林舒媛　袁慧茹

赵祥妮　王玉琦　王丽丽　高　阳

　　在我们的日常生活中，存在着各种形式的资料，比如文件、图表、歌曲、演讲视频等，这些资料都是对社会经济和生产生活片断的记录，这些记录以数字化的形式存在、成为信息的载体时，就是数据。通俗地说，数据是数字化的资料，而大数据，就是大而复杂的资料集。

　　伴随着过去半个多世纪信息技术的跨越式发展，上述数字化资料集开始以惊人的速度增长，数据排山倒海而来。如何处理这些数据，给科学家带来了巨大的挑战。但是我们也欣喜地发现，当数据积累到一定的量级，数据背后关于自然和社会的客观规律也开始呈现出来，人类通过挖掘、分析，可以从庞大的资料集中判断事物的特点、趋势和相互关系，从而让数据释放出科学的伟力。预计在未来很长一段时间内，挖掘各领域数据的价值，从而实现由数据到信息再到知识和决策的转换，将是一个基本的社会科学活动。大数据时代已然来临。

　　虽然人类社会迈入这个新时代至今才不到十年，但世界各国都不约而同看到了大数据的价值。它既是重构社会经济的基本生产资料和促进生产力的利器，也是国家创新发展的核心驱动力，发展、普及大数据技术以及培养文化意识，十分迫切而且重要。

　　放眼世界，很多国家已经把经济数字化作为实现创新发展的重要动能，一些先进国家还相继出台了大数据发展规划，把它上升到国家战略的地位。就此而言，中国正处于全世界的第一梯队，发展大数据具有独特的优势。一方面，这和我国数据资源丰富、市场规模巨大、互联网普及程度高有关；另一方面，我国能够集中力量办大事，也保障了数据归集、标准统一等大数据基础性问题的解决。

《善数者成：大数据改变中国》是一本应时之作，以"深科普"的视角，关注当下大数据在中国催生的现象和变革，从社会管理到商业经济，从交通医疗到环境生态，展现了大数据在各个领域前沿极具价值的应用场景，案例生动鲜活，笔触温暖生动，书中有不少思考和洞察，让人耳目一新，受益良多。

本书两位编者中，涂子沛先生是中国大数据领域的开拓者之一，也是极具影响力的大数据布道者，著有一系列相关作品。另一位编者郑磊教授一直坚持从事大数据领域的学术研究和决策咨询，成果丰富。两位编者深耕细作，本书的出版值得称道。

诚如作者在书中所述，新的发展也带来了新的问题，大数据时代出现的公共问题尤其值得我们关注，比如数据鸿沟、数据安全、数据主权、数据如何跨境流动，以及隐私保护等。只有解决了这些问题，才能更好地提炼和利用数据价值，从而有力推动经济转型和发展，提升国家治理现代化水平，在纷繁复杂的外部环境中打造新的国家竞争优势。但要解决这些新问题，目前并没有现成的方案，引用涂子沛先生《数文明》书中的一句话：通往美好社会的道路，永远都在修建当中。这还需要学界、政界和业界不断思考和努力。

总之，大数据改变中国的篇章才刚刚开始，让我们拭目以待，迎接、建设这一新的时代。

中国科学院院士　徐宗本

人类正处于一个前所未见的大数据时代。社交媒体、移动互联网和物联网的发展，让人类经历了空前的数据爆炸；而数据处理和分析技术的进步，更让人类使用海量数据的能力得到了极大的提高。借此，人类可以更好地发现知识、提升能力、创造价值，政治、经济、学术等各大领域都出现了新的发展机遇。

大数据正在改变世界，也在改变中国。近年来，大数据产业发展日新月异，新兴业态不断涌现，大数据与实体经济融合发展的水平稳步提升。我国政府数据共享开放的步伐也不断加快，利用大数据提升行政管理、公共服务和社会治理水平初见成效。展望未来，我国在大数据领域的市场规模和数据资源优势还将继续发挥，关键技术研发有望继续取得突破，大数据改变中国的进程才刚刚开始。

那么，大数据正在如何改变中国？未来大数据还有望给我国带来哪些变化？本书就将重点回答这些问题。在结构上，本书第一章首先介绍大数据的前世今生，介绍大数据时代从哪里起步、有哪些特点。接着，本书第二章至第十章介绍大数据在社会生活中的九个重要领域里给我国带来的改变，从政府公共服务与社会治理，到制造业、商业与金融业，再到与老百姓日常生活息息相关的交通、教育、医疗等领域，都能看到大数据给我国经济社会的方方面面带来的可喜变化。最后，本书展望大数据的未来，什么将继续改变、在改变的过程中还面临哪些挑战，以及什么不应该被改变。

作为一本"深科普"性质的读物，本书的编写主要有以下三个特点。

首先，力争在理论与故事之间找到平衡。我们试图通过实实在在的案例和真实的故事，为广大读者展示大数据给我国各行各业带来的巨大变化，起到开阔视野、启迪思考的作用。但案例和故事的背后，离不开国内外数据科学、计算机科学、信息管理、公共管理乃至哲学、历史等各个学科的学术成果和理论框架。

其次，力争在技术与人文之间找到平衡。尽管这是一本集中介绍科技成果的读物，但我们认为科技的发展应该解放而非束缚人类。在展现技术力量的同时，我们时刻不忘人文的温度，呼吁缩小数据鸿沟、保护数据隐私、反对"数据迷信"。大数据的发展应以人为中心，维护人的权利和尊严，促进人的全面发展，满足人们对美好生活的向往，而不是走向相反的方向。

最后，力争在弘扬与反思之间找到平衡。尽管大数据在中国的发展高歌猛进，硕果累累，但我们必须时刻保持清醒的头脑，丝毫不能沾沾自喜。现实与理想还有差距，成绩和不足瑕瑜互见。我们用大量的篇幅介绍大数据应用的成功案例，但也反思存在的不足，更明言可能的挑战。科技发展对社会进步的促进作用不是"短跑"，而是"马拉松"，既要抓住机遇，也要应对挑战，居安思危方能行稳致远。

希望读者朋友们能通过本书对大数据已经给中国带来的巨大改变有一个直观、深入的认识，并能对大数据即将给我们带来的机遇和挑战有全面和充分的准备，最后还能进一步对科技与人之间的关系应该如何改变和演化这一问题进行思考和讨论。

本书的完成，首先要感谢编写团队为期半年的艰苦劳作，感谢"科技改变中国"丛书总主编倪光南院士对本书的悉心指导。

本书编写人员分处广州、上海、湘潭、南宁等地，地域分散，集结困难，书稿撰写阶段，写作组每周定期召开微信电话会，交流心得，碰撞观点，常在周末和假期的深夜还在加班加点、打磨文字。全书数易其稿，凝结了团队全体成员的辛勤汗水。

本书共十一章，第一章、第六章由涂子沛执笔，第二章由博士生王翔（复旦大学）执笔，第三章由朱晓婷（复旦大学）执笔，第四章由温祖卿（复旦大学）执笔，第五章由涂斯婧（广西中医药大学）执笔，第七章由叶俊杰博士（数文明科技）执笔，第八章由朱晓婷、温祖卿执笔，第九章由杜为兮、李楠（数文明科技）执笔，第十章由张炳剑、石大义（数文明科技）执笔，第十一章由王翔、郑磊执笔，全书由涂子沛、郑磊统稿。

感谢数文明科技公司，以及复旦大学数字与移动治理实验室的同学和业界朋友对本书创作的支持。李楠协助修改、整理书稿，把控项目进度，邓志新对个别章节提出了宝贵的修改意见。珠海伊斯佳王德友董事长为编写过程中的调研走访提供了大力支持。还要特别感谢人民邮电出版社王威和贺瑞君等编辑对书稿提出的建设性意见，他们为本书的面世做了非常细致的工作。

在中华人民共和国成立 70 周年之际，能以此书献礼，我们既感荣幸，又感重任在肩。我们深知，本书只是对我国大数据发展的一个阶段性小结。限于知识和能力，本书讲述的故事和展开的讨论难免挂一漏万，还请各位读者方家不吝指正。

第一章

大数据的前世今生

在互联网经济时代，数据是新的生产要素，是基础性资源和战略性资源，也是重要生产力。

——习近平总书记在中共中央政治局第二次集体学习时做出的科学判断[1]

1.1 正解大数据：世上本没有数①[2]

传统意义上的"数据"，是指"有根据的数字"。数字之所以产生，是因为人类在实践中发现，仅仅用语言、文字和图形来描述这个世界是不精确的，也是远远不够的。例如，有人问"姚明有多高"，如果回答说"很高""非常高""最高"，别人听了，只能得到一个抽象的印象，因为每个人对"很"有不同的理解，"非常"和"最"也是相对的；但如果回答说"2.26 米"，就一清二楚。除了描述世界，数据还是我们改造世界的重要工具。人类的一切生产、交换活动，可以说都是以数据为基础展开的，例如度量衡、货币的背后都是数据，它们的发明或出现，都极大地推动了人类文明的进步。

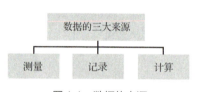

图 1.1　数据的来源

如图 1.1 所示，数据的来源分为测量、记录和计算。数据最早来源于测量，所谓"有根据的数字"，是指数据是对客观世界测量结果的记录，而不是随意产生的。测量是从古至今科学研究最主要的手段。可以说，没有测量，就没有科学；也可以说，一切科学的本质都是测量。就此而言，数据之于科学的重要性，就像语言之于文学、音符之于音乐、形色之于美术一样，离开数据，就没有科学可言。

除了测量和显而易见的记录，新数据还可以由老数据经计算衍生而来。测量和计算都是人为的，也就是说，世上本没有数，一切数据都是人为的产物。我们说的"原始数据"，并不是"原始森林"这个意义上的"原始"。原始森林是指天然就存在的森林，而原始数据仅仅是指第一手、没有经过人为

---

① 本章部分内容编选自本书编著者之一涂子沛 2014 年在中信出版社出版的《数据之巅：大数据革命，历史、现实与未来》一书。

修改的数据。

　　如图 1.2 所示，传统意义上的数据，和信息、知识也是完全不同的概念：数据是信息的载体，信息是有背景的数据，而知识是经过人类的归纳和整理，最终呈现规律的信息。

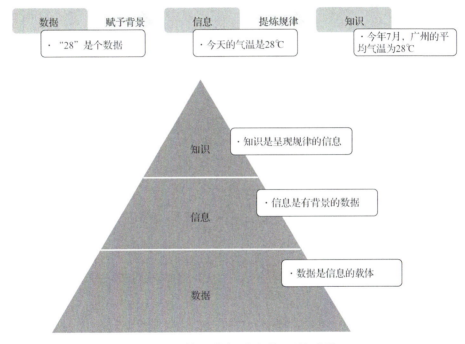

图 1.2　数据、信息、知识的区别和联系

　　20 世纪 60 年代，软件科学取得了巨大进步，数据库被发明。此后，数字、文本、图片都不加区分地保存在计算机的数据库中，以"比特"为单位进行存储，"数据"二字的内涵开始扩大。"数据"不仅指代那些作为"量"而存在的数据——也就是"量数"，还逐渐成为"数字、文本、图片、音频、视频"等的统称，即"信息"的代名词，由于这些信息作为一种证据、根据而存在，因此可以称为"据数"。

在此基础上，关于大数据的定义，笔者主张用下面这样一个式子来较为简洁、精确地表示。

大数据 = 传统的量数 + 现代的据数

（量数源于测量，如气温 28℃；据数源于记录，如一张照片）

虽然量数比据数更接近"数"，但从历史上看，据数的出现要早于量数。人类早期对自身活动的记录，即"史"，就是早期的据数，也可以说，据数是历史的影子。量数则是在记录的实践中慢慢产生的，其核心要义是精确。量数是否充沛，直接决定了科学是否发达。从这个角度出发，数据的来源就不再只是对世界的测量，而是对世界的一种记录。所以信息时代的数据又多了一个来源——记录。

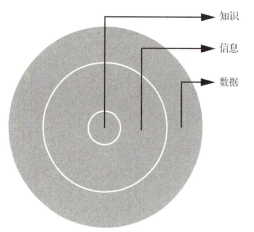

图 1.3　现代数据的范畴

进入信息时代之后，数据成为信息的代名词，两者可以交替使用。一封邮件虽然包含很多条信息，但从技术的角度出发，可能还是"一个数据"。就此而言，现代意义上的数据的范畴，其实比信息还大，如图 1.3 所示。

除了内涵的扩大，数据库问世之后，还出现了另外一个重要现象，那就是数据的总量在不断增加，而且增加的速度在不断加快。

20 世纪 80 年代，美国就有人提出了"大数据"的概念。这个时候，其实还没有进入数据大爆炸的时代，但有人预见到，随着信息技术的进步，软件的重要性将下降，数据的重要性将上升，因此提出"大数据"的概念。那时候的"大"，如"大人物"和"大转折"之"大"，主要指价值上的重要性。到了21世纪，尤其是2004年社交媒体产生之后，数据开始呈爆炸式增长，国际数据公司（IDC）的数据显示，2011—2018年，全球的数据量增长了18倍，大数据的提法又重新进入大众的视野并获得了更大的关注。这个时候的"大"，含义也更加丰富了：一是指容量大，二是指价值大。

到底多大才算大呢？针对这一问题，十多年来争议颇多。这首先涉及衡量数据大小的单位。2000年的时候，一般认为"太字节（TB）"级别的数据就是大数据了，当时拥有"太"级别数据的企业并不多，但自此之后，互联网企业开始崛起，这些企业拥有各种各样的数据，其中大部分都是文本、图片和视频，其数据量之大，传统企业根本无法望其项背。

▶ 延伸阅读

理解几个主要的存储单位

一首标准音质的歌曲 ≈ 4 兆字节（MB）

一部标准画质的电影 ≈ 1 吉字节（GB，1 吉字节 =1024 兆字节，相当于 250 首标准音质歌曲的大小）

一个普通图书馆的藏书 ≈ 1 太字节（TB，1 太字节 =1024 吉字节，相当于 1024 部标准画质电影的大小）

其实不仅仅是互联网行业，各行各业的数据都在爆炸，只是规模不同。如果仅仅把大数据的标准限定在互联网企业，认为只有互联网企业才拥有大数据，那就严重狭隘化了大数据的意义。毕竟容量只是表象，价值才是本

质，而且大容量并不一定代表大价值。大数据的真正意义还在于大价值，价值主要通过数据的整合、分析和开放而获得。从这个方面来看，大数据的真正意义是，人类拥有了前所未有的能力来使用海量的数据，在其中发现新知识、创造新价值，从而为社会带来"大知识""大科技""大效益"和"大智能"等发展机遇。

以上论述是从概念上分析"数据"和"大数据"的区别，而掌握一个概念最好的方法，还是得从动态上了解其成因。大数据的形成，不仅是因为人类信息技术的进步，还是信息技术领域不同时期多个进步交互作用的结果，其中最重要的原因，当数摩尔定律的持续有效。

1.2　存储革命：摩尔定律推动的进化

1965 年，英特尔公司的创始人之一戈登·摩尔（Gordon Moore）在考察了计算机硬件的发展规律之后，提出了著名的摩尔定律。该定律认为，同一面积芯片上可容纳的晶体管数量，一到两年将增加一倍。[2]

要理解这种增加的意义，并不简单。摩尔的本意是，由于单位面积芯片上晶体管的密度增加了，计算机硬件的处理速度、存储能力，即其主要性能，一到两年将提升一倍。本来性能提升了，价格也应该上升才对，但实际情况恰恰相反：半个多世纪以来，硬件的性能不断提高，但价格却持续下降。这背后的主要原因，竟然是因为晶体管越做越小，这种体积的缩小也使得其成本下降；再加上人类对晶体管的需求越来越大，大规模的生产也使得价格不断下降。

回顾这半个多世纪的历史，硬件的发展基本符合摩尔定律，如图 1.4 所

---

② 摩尔 1965 年提出该定律时，认为这个周期是一年；1975 年，他修订为两年。也有人认为这个周期是 18 个月。

示。以物理存储器为例，其性能确实不断上升，与此同时，价格不断下降。
1955 年，IBM 推出了第一款商用硬盘存储器，1 兆字节容量的存储器需要
6000 多美元。此后，其价格不断下降：1960 年下降到 3600 美元；1993 年，
下降到约 1 美元；2000 年降至约 1 美分；到 2010 年，每兆字节价格约为
0.005 美分。半个多世纪以来，存储器的价格下降到原来的约一亿分之一，
这种变化巨大而且剧烈，令人瞠目结舌。事实上，纵观人类全部的历史，没
有其他任何一种产品，其价格的下降空间能够如此巨大！

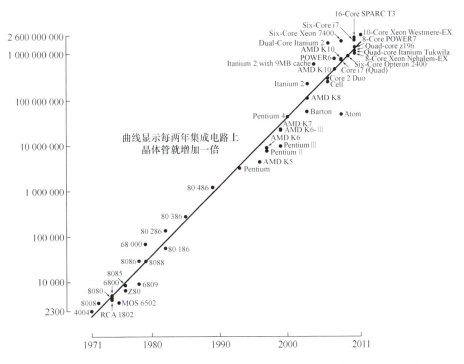

注：纵坐标为晶体管数量，横坐标为年份。该曲线表明，1971—2011 年，大概每两年相同面积
的中央处理器集成电路上的晶体管就增加一倍。需要注意的是，纵坐标从 2300 到 10 000 再到
100 000，其实不成比例。如果严格按比例作图，这将是一条非常陡峭的曲线，页面将无法容纳
（资料来源：维基百科）。

图 1.4 1971—2011 年中央处理器上的晶体管数量和摩尔定律关系示意

▶ 延伸阅读

晶体管的产量多过全世界的大米颗粒

晶体管由硅构成，相当于一个开关，通电的时候表示"1"，不通电的时候表示"0"，是电子产品最小的组织单元。一台笔记本电脑大概有 400 亿个晶体管，一部智能手机约有 10 亿个晶体管。晶体管行业（即半导体行业）堪称人类历史上最高产的行业。现在全球一年生产的晶体管比一年消耗的大米颗粒还要多：2002 年，人类生产的晶体管数量大概是大米的 40 倍，买一粒米的钱可以购买 100 个晶体管[3]；2009 年，晶体管的产量上升到大米的 250 倍，一粒大米的价钱可以购买 10 万个晶体管[4]。

摩尔定律发展到今天，一根头发尖大小的地方，就能放上万个晶体管。当然，晶体管不可能无限缩小，所以十几年来，业界曾围绕以下问题展开激烈争论：摩尔定律所揭示的现象还会不会持续，即单位面积上的晶体管还能不能继续增加甚至翻倍？如果能，又能持续多久？

2003 年，作为摩尔定律的发现者，戈登·摩尔也被问到这个问题。他认为："创新无止境，下一个 10 年摩尔定律可能还将有效。"

事实证明，摩尔是对的。2011 年，英特尔公司宣布发明了 22 纳米工艺的 3D（三维）晶体管，这使争论暂时画上了句号。此前最小的晶体管为 31 纳米工艺，22 纳米的晶体管小了大约 1/3。因为小，新的晶体管总是更便宜、更节能。2012 年，英特尔宣布将投资 50 亿美元在美国亚利桑那州建厂，在 2014 年投产 14 纳米工艺的晶体管，这比 22 纳米工艺的尺寸又缩小了 1/3。

在 2019 年 1 月，英特尔又向外界展示了其首批 10 纳米工艺的 Ice Lake 处理器，相当于在 1 平方毫米中塞下了 1 亿个晶体管。该产品计划于 2019 年底正式推出，2020 年供应给市场。[5]

英特尔公司的发明使大部分科学家相信，晶体管的微缩至少在十年内还是会持续，摩尔定律的生命周期尚未终结。未来，1 太字节硬盘容量的价格将相当于 1 杯咖啡的价格，其价格趋势如图 1.5 所示。美国的国会图书馆是全世界最大的图书馆，其印刷品馆藏数据量约为 15 太字节，一所普通大学的图书馆，其馆藏数据量可能只有 1 ~ 2 太字节。也就是说，在不久的将来，只需花上一杯咖啡的钱，就可以把一个图书馆的全部信息拷贝进一个小小的硬盘。信息保存的过程如此方便、成本如此低廉，历史上从来没有过。

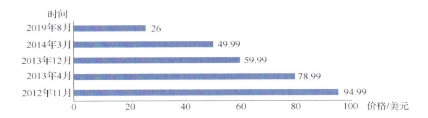

注：笔者跟踪了亚马逊和京东网站上希捷硬盘在不同时段的报价，2012—2019 年，1 太字节硬盘容量价格下降显著。

图 1.5　1 太字节硬盘容量的价格变化

现在，摩尔定律已经成为描述一切呈指数级增长事物的代名词，它给人类社会带来的影响非常深远。正是因为存储器的价格在半个世纪之内经历了空前的下降，人类才可能以非常低廉的成本保存海量的数据，这为大数据时代的到来铺平了硬件道路。低价存储器相当于物质基础，没有它，大数据无异于水中月、镜中花。

▶ 延伸阅读

摩尔定律促使硬件成为大众消费品

摩尔定律使得硬件价格大幅下降，最终使曾经昂贵的硬件成为大众消费品，原来高端的产品，如激光打印机、服务器、智能手机，已经逐渐从科研机构、大型企业进入普通家庭。由于这些设备的普及，美国的一些公司甚至出现了一种新趋势：鼓励员工自己带设备来上班（Bring Your Own Device，BYOD），公司只提供网络和办公场地，成为"轻"公司。

除了便宜、功能强大，摩尔定律也导致各种计算设备变得越来越小。这个现象在1988年被美国科学家马克·韦泽（Mark Weiser）概括为"普适计算"。普适计算理论认为，计算机发明以后，将经历三个主要阶段：第一阶段是主机型阶段，指的是很多人共享一台大型机，一台机器就占据半个房间；第二阶段是个人计算机阶段，计算机变小，人手一机，韦泽当时就处于这个时代，这似乎已经是很理想的状态，但韦泽天才般地预见到，人手一机不是时代的终结；在第三个阶段，计算机将变得很小，小得将从人们的视线中消失，人们可以在日常环境中广泛部署各种各样微小的计算设备，在任何时间、地点都能获取并处理数据，计算设备最终将和环境融为一体，这个阶段被称为普适计算阶段。

今天，普适计算第三阶段的浪潮正向我们奔涌而来，小小的智能手机，其功能已经毫不逊色于一台计算机，各种传感器正越做越小，RFID（射频识别）标签方兴未艾，可穿戴式设备又向我们走来。

RFID标签已经在零售、医疗、城市管理、动物饲养等领域得到了广泛应用。近两年，上海、乌镇等地陆续展开智能垃圾桶应用，在垃圾桶内安装

RFID 传感器，实时感知垃圾投放数量及存放量，垃圾桶还可以自动"通知"环卫工人哪处垃圾已满需要清理，大大提升了城市管理工作效率。RFID 也在改写航空业。2019 年，中国东方航空针对行李托运部署了 RFID 技术，为"行李"这位"不会说话的旅客"解锁"表达"技能。旅客通过微信小程序，即可查询到托运行李的运输状态，精准锁定位置，实时掌握动态，犹如为行李安装了 GPS 定位系统。[6]

"可穿戴元年"可以追溯到谷歌眼镜面世的 2012 年，随后，各种智能可穿戴设备层出不穷。可穿戴式设备是指可以穿戴在身上、不影响个人活动的微型电子设备，这些设备可以记录佩戴者的物理位置、热量消耗、体温、心跳、睡眠模式、步数以及健身目标等数据。2015 年亚洲杯上，中国国家足球队身穿黑色"比基尼"训练的新闻图片曾一度跻身热搜榜。其实，这件看似性感的训练背心，就是一款名为"GPSports"的可穿戴设备，能够对运动员的跑动距离、路线、速度、加速度以及心率变化等参数进行采集和监测。通过对数据的对比和进一步分析，教练人员可以制订训练计划，安排比赛阵容，做出临场指挥的关键决策。[7]

法国的运动器材制造商 Babolat 还把传感器安装在了网球拍的手柄上，它可以记录球员击球时的状态参数，例如正反拍、击球点、击球的力量、球速、球的旋转方向等。这些数据以几乎实时的速度传到现场的智能手机和平板电脑上，运动员和教练可以随时查看。2014 年在澳网夺冠的中国网球"一姐"李娜，用的就是这个品牌的球拍。为了配合这种球拍的使用，2013 年，国际网球联合会（International Tennis Federation，ITF）已经修改了章程，从 2014 年 1 月起，允许运动员在国际比赛中使用带有传感器的球拍，以记录、分析自己的数据。在未来的比赛中，如果运动员同意，这些数据甚至可以实时出现在比赛场地的大屏幕上，供观众分析参考。

除了足球、网球领域，传感器也在快速进入棒球、橄榄球等领域。美国的一些研究机构认为，美国运动产业的营收近年内会有大幅增长，主要原因就是，基于传感器的数据收集和分析技术将改变整个产业的生态。

除了运动，可穿戴式设备还有很多其他应用，甚至连一片小小的纸尿裤也开始了自己的智慧升级。2015 年，一个名为"贝肯熊"的国产品牌研发出一款新型智能纸尿裤，通过在纸尿裤中植入一个轻巧的湿度传感智能硬件，连接蓝牙，使之与看护者的手机绑定，一旦宝宝尿了，灵敏的智能硬件就会用铃声或震动的方式通知看护者。此外，作为可穿戴式设备最经典的产品而风靡一时的谷歌眼镜，其同类产品也在娱乐之外得到了更广泛的应用：2018 年 2 月，郑州铁路警方在全国铁路系统中率先使用了人脸比对警务眼镜，新闻报道说这款眼镜可以通过人脸识别，筛查出旅客中的不法分子，有效净化列车的治安环境。[8]

普适计算的本质，是在人类生活的物理环境中广泛部署微小的计算设备，实现无处不在的数据自动采集，这意味着人类收集数据能力的增强。在此之前，电子化的数据主要由各种信息系统产生，这些信息系统记录的主要是商业过程中产生的数据。而传感器的出现及其技术的成熟，使人类开始有能力大规模记录物理世界的状态，这种进步推动了大数据时代的到来。

1.3 社交媒体：每个人都是数据的生产者和协作者

人类数据的真正爆炸发生在社交媒体时代。

从 2004 年起，以脸谱网（Facebook）、推特（Twitter）为代表的社交媒体相继问世，拉开了一个互联网的崭新时代——Web 2.0。在此之前，互联网的主要作用是信息的传播和分享，其最主要的组织形式是网站，但网站是静态的。进入 Web 2.0 时代之后，互联网开始成为人们实时互动、交流协同的载体。

　　除了把交流和协同的功能推到了一个登峰造极的高度，社交媒体的另外一层重要意义就是，给全世界无数的网民提供了平台，使其随时随地都可以记录自己的行为、想法，这种记录其实就是贡献数据。前面我们谈到过，所有的数据都是人为产生的，所有的数据都是对世界的测量、记录和计算。从 1946 年人类发明第一台计算机并进入信息时代算起，到社交媒体产生之前，主要是信息系统、传感器在产生和收集数据，但由于社交媒体的横空出世，人类自己也开始在互联网上生产数据，他们发微博和微信，记录各自的活动和行为，这部分数据也因此被称为"行为数据"，如图 1.6 所示。

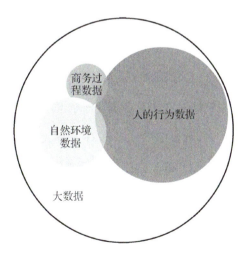

注：各类数据间存在交互、影响。商务数据中自然会包含和产生人的行为数据与自然环境数据，人的行为数据与自然环境数据也相互包含、交叉并影响。过去，是我们选择什么东西需要记录，才对它进行记录；在大数据时代，是选择什么东西不需要记录，才取消对它的记录。随着记录范围不断扩大，可以肯定，人类的数据总量还将滚雪球式地增大。

图 1.6　各种数据的大小和种类

由于社交媒体的出现，全世界的网民都开始成为数据的生产者，每个网民都犹如一个信息系统、一个传感器，不断地制造数据。这引发了人类历史上迄今为止最庞大的数据爆炸。

除了数据总量骤然增加，社交媒体还使人类的数据世界更为复杂。在大家发的微博中，你的带图片，他的带视频，大小、结构完全不一样。因为没有严整的结构，在社交媒体上产生的数据也被称为非结构化数据。这部分数据的处理远比处理结构严整的数据困难。2019 年 3 月 15 日，新浪微博发布的《2018 微博用户发展报告》显示，截至 2018 年第四季度，新浪微博日均文字发布量为 1.3 亿条，日均图片发布量 1.2 亿幅，日均视频 / 直播发布量 150 万次以上。而在过去 50 年，《纽约时报》产生的信息量总共也不过30 亿个单词。

在这种前所未有的数据生产速度下，目前全世界的数据大约 75% 都是非结构化数据。今天回头看，社交媒体的出现，给了大数据一锤定音的力量。基于以上分析，我们也可以这样认为：

大数据 = 结构化数据 + 非结构化数据

但我们前面谈到，大数据之大，不仅在于其大容量，更在于其大价值。价值在于使用，如同埋在地底下的石油，远古即已有之，人类进入石油时代，是因为掌握了开采、冶炼石油的技术；现在进入大数据时代，最根本的原因，也是人类使用数据的能力取得了重大突破和进步。

1.4　数据挖掘如何点"数"成金

数据使用能力的突破集中表现在数据挖掘上。

数据挖掘是指通过特定的算法对大量的数据进行自动分析，从而揭示数据当中隐藏的规律和趋势，即在大量的数据中发现新知识，为决策者提供参考。数据挖掘的进步，根本原因是人类能够不断设计出更强大的模式识别算法③，这其实是软件的进步。其中最重要的里程碑，是 1989 年美国计算机协会（Association for Computing Machinery，ACM）下属的知识发现和数据挖掘小组（Special Interest Group on Knowledge Discovery and Data Mining，SIGKDD）举办了第一届数据挖掘学术年会，出版了专门期刊，此后数据挖掘发展得如火如荼。

正是通过数据挖掘，近几十年来，各大公司谱写了不少点"数"成金的传奇故事。例如阿里巴巴凭借长期以来积累的用户资金流水记录，涉足金融领域，在几分钟之内就能判断用户的信用资质，决定是否为其发放贷款；沃尔玛通过捆绑"啤酒和尿布"提高门店商品销量；奈飞公司（Netflix）利用客户的网上点击记录，预测其喜欢观看的内容，实现精准营销等。

近年来，数据挖掘的应用还在不断推陈出新，有望到达一个新高度。例如，曾与我们"相看两不厌"数千年的菜市场，正在走向发展的拐点。2019年初，在阿里巴巴本地生活生鲜伙伴大会上，"饿了么"提出要"改变菜市场"，建立全新的生鲜开放平台，把菜市场搬到线上，让传统菜市场告别数千年单兵作战、看天卖菜的模式，并让平台协作卖菜成为主流。

怎么实现协作呢？关键利器就是数据挖掘。传统菜市场最大的痛点就是信息不对称，进货的商户找不准市场真实需求而导致商品积存或出现质量问题。而"饿了么"背靠阿里巴巴的海量数据资源，可以为商户提供最精准的用户画像，从而指导其进货行为。从此，菜市场的进货行为不再随机，决策

---

③　算法是运用数学和统计学的方法和技巧，解决某一类问题的特定步骤。

过程被外包给了算法，由算法来决定卖什么，这种数字化营销让商家与平台共振，可以激发出极大的商业价值。这种模式已经被市场所验证："叮咚买菜"在入驻"饿了么"之后，2018 年全年平台单量增长 20 倍，月交易额超千万元。[9]

还有一则关于数据挖掘的小故事。2012 年 6 月欧洲杯足球赛期间，我国出现了多篇"男人一看球，女人就网购"的相关报道[10]。报道称，根据淘宝网的销售数据，欧洲杯开赛以来，女性网购的成交量明显上升，而且"网购的高峰期延时两个小时，变成了 23 点到 24 点"。此外，在"凌晨 1 点 45 分第一场球结束到凌晨 2 点 45 分第二场球开始前"，出现了一个新的网购高峰，这个新的高峰和赛前的同时段相比，成交量"增长超过 260%"。

这个现象背后的逻辑不难理解。球赛期间，男性沉迷于球赛，冷落了妻子（女朋友）和孩子。女性，特别是已婚女性会觉得沮丧、恼火、失落。每天晚上球赛开始的时候，在个体层面，每位女性都有很多选择，她可以做家务、跟闺蜜聊天、和母亲通电话或上网购物等，其行为具有不确定性，她究竟会做什么，难以预测。但是，当我们把几个电子商务平台的交易数据一汇总、一分析，就会发现，女性群体的行为有规律可循。随着球赛的开始，女性在网上购物的成交量就开始增加，其中的高档物品也较平时明显增多，也就是说，平时舍不得买的东西，这时候终于出手了。在大数据时代之前，"男人一看球，女人就网购"永远是一个猜测，无法得到证实。但在大数据时代，这很容易就能证实，甚至连成交的商品有什么特点，都可以进行分析。等到下一年球赛再开始的时候，商家的广告就可以更有的放矢，不仅可以把广告对象瞄得更准，推广的商品也会更有针对性，猜测上升为知识，知识将创造利润。

除了上述商业应用，用数据挖掘来解决社会问题，也正变得越来越普遍。2013 年 7 月，有报道称，华东师范大学的一位女生收到校方的短信："同学你好，发现你上个月餐饮消费较少，不知是否有经济困难？"[11]这条温暖的短信也要归功于数据挖掘：校方通过挖掘校园饭卡的消费数据，发现其每顿的餐费都偏低，于是发出了关心的询问。但随后发现这是一个美丽的错误——该女生其实是在减肥。可以想到，误会之所以发生，还是因为数据不够"大"，大数据的特点除了"量大"，还有"多源"，如果除了饭卡，还有其他来源的数据作为辅助，判断就可能更加准确。

虽然数据挖掘仍如日中天，但在一定程度上，数据挖掘已经不是大数据的前沿和热点，取而代之的是机器学习。当下兴起的机器学习凭借的也是计算机算法，但和数据挖掘相比，其算法并不是固定的，而是带有自调适参数的，也就是说，它能够随着计算、挖掘次数的增多，不断自动调整自己算法的参数，使挖掘和预测的结果更为准确，即通过给机器提供大量的数据，让机器可以像人一样通过学习逐步自我改善提高，这也是该技术被命名为"机器学习"的原因。

除了数据挖掘和机器学习，数据的分析、使用技术已经非常成熟，并且形成了一个体系。数据仓库、联机分析处理（OLAP）、数据可视化、内存分析都是该体系的重要组成部分，在人类数据技术的进步过程中，都扮演过重要的角色④。

回顾半个多世纪人类信息社会的历史，正是因为晶体管越做越小、成本越来越低，才形成了大数据现象的物理基础。这相当于铸器，人类有能力制

---

④　关于人类数据分析技术的演进，有兴趣的读者请参阅本书编著者之一涂子沛所著《大数据》一书第四章"商务智能的前世今生"中的阐述。[12]

造巨鼎盛载海量的数据。1989 年兴起的数据挖掘，则相当于把原油炼成石油的技术，是让大数据产生"大价值"的关键，没有技术，原油再多，我们也只能"望油兴叹"。2004 年出现的社交媒体，则把全世界每个人都转变成了潜在的数据生成器，向摩尔定律铸成的巨鼎贡献数据，这是"大容量"形成的主要原因，如图 1.7 所示。

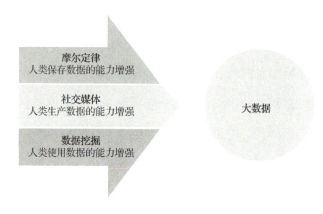

图 1.7　大数据的三大成因

分析了大数据的静态概念和动态成因，我们更清楚地理解了大数据的特点，现在可以从图 1.8 所示的以下几个角度来理解、定义大数据。正如前文讨论的，当前人类的数据约 75% 都是非结构化数据，大记录的表现形式主要就是非结构化数据，而大记录、非结构化数据要体现出价值，当前主要的处理方法，还是把它们转化为有严整结构的数据，即传统的小

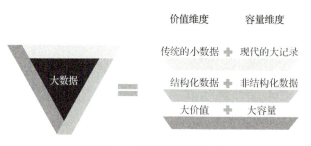

图 1.8　大数据的概念和维度

数据。因此笔者认为，大数据的价值维度主要体现在传统的小数据和结构化数据之上，而大数据的容量维度主要体现在现代的大记录和非结构数据两个方面。

大数据浪潮兴起之后，全世界的科学家都在预测和展望——这股由信息技术掀起的新浪潮将对人类社会产生何种影响，将带领中国和世界走向何方？在下面几章中，我们选几个侧面来尝试剖析。

第二章

数字治理：
用大数据提升政府管理与
公共服务水平

要建立健全大数据辅助科学决策和社会治理的机制，推进
政府管理和社会治理模式创新，实现政府决策科学化、社
会治理精准化、公共服务高效化。

——习近平总书记在中共中央政治局第二次集体学习时的讲话[13]

2016 年以前，浙江居民办理二手房买卖登记，要到国土、住建、税务 3 个部门提交 3 套材料，再回家等上一段时间；而现在只要跑 1 个窗口，提供 1 套材料，1 小时便能办妥。办一本不动产证，原来有 15 个环节，要多次取号排队。如今，15 个环节被整合为 3 个，实现"一次取号、一窗受理"[14]。浙江的"最多跑一次"改革，使群众得到了实实在在的便捷和幸福感。

"最多跑一次"改革的本质，不是简单地把多个政府部门的窗口在实体意义上集中到一起，而是一次政府部门的自我革命。其中，组织架构变革与行政流程再造是基本保障，打破数据孤岛、完善数据治理是关键环节。

然而，"最多跑一次"改革只是公共服务改革的起点而远非终点。大数据助力国家治理体系和治理能力现代化、满足人民日益增长的美好生活需要，还有着广阔的发展空间。

2.1 从"告别奇葩证明"到"告别证明"

曾几何时，关于"奇葩证明""循环证明""重复证明"的现象屡屡见诸报端。例如有公众在办理房产继承时，被要求提供已去世亲人的死亡证明；有老人在领取养老保险金时，被要求证明自己还活着。国务院总理李克强在 2015 年 5 月的国务院常务会议上对这一现象提出了批评。老百姓的这些信息其实都掌握在政府手里，为什么到政府机构办事，还需要他们自己去一个个政府部门开证明呢？

"奇葩证明"背后的原因是我国一些政府部门掌握的数据还没有实现跨地区、跨部门共享。数据不跑腿，就只能群众和企业多跑腿，还给证明材料造假留下了空间。互联网和大数据时代的到来为解决这一问题提供了契机。

2019 年，浙江省金华市在全国地级市中率先开展"无证明城市"创建工作，宣布在全市范围内，政府机关和公共事业单位不得要求群众和企业提供由第三方权威部门出具的任何形式的证明材料，图 2.1 形象地展现了政府的决心。短短几个月时间，金华"无证明城市"创建工作，已经取得了喜人的成果。职工收入证明、住房情况查询记录、提取公积金的直系亲属证明和高层次人才享受购房贷款优惠政策所需的引进人才证明等涉及公积金业务的 18 项证明事项已全部取消，全市范围内已经实现"无证明"办理公积金业务。外地户口的居民在金华办理居住证，原来要先到社保部门开具 6 个月以上的社保缴纳证明，再带着这份证明以及身份证、租房协议等到派出所申请办证；而现在，通过数据共享，工作人员可以直接查询社保信息，无须申请人再提供证明[15]。

图 2.1 创建"无证明城市"（郭德鑫 / 人民图片）

"无证明城市"改革是公共服务便民化的有益尝试，但是，对于那些需要外地政府部门开具的证明，本地政府部门就无力完成了。例如，很多职业从业资格都要求有"无犯罪记录证明"，但各地公安部门开具的"无犯罪记录证明"只能证明在本辖区内无犯罪记录，外地来的办事人就不得不跑回原籍所在地开证明。因为跨地区的数据不能"跑腿"，老百姓跑了多少冤枉路呢？

乘着长三角一体化发展上升为国家战略的东风，长三角各省（区、市）的政府数据跨地区、跨部门共享也在加快推进。2018 年 1 月 24 日，在上海市政协第十三届委员会第一次会议上，上海市委领导围绕推动长三角一体化发展要怎么看、怎么干、近期做些什么这 3 个方面，指出长三角要加强路网互通、信息互通，推动实现数据共享开放[16]。同年 6 月 11 日，上海市委领导在接受《解放日报》《文汇报》等媒体联合采访时，又进一步提出计划打造"一个库"，将联合建设长三角数据中心，把数据格式、口径、目录、接口等都统一起来，让数据资源更管用。一方面，要抓紧推动基础数据库的建设，把各自的政务数据、行业数据、社会数据统一按标准进库；另一方面，依托统一的数据共享平台，实现跨部门、跨省市共享应用[17]。

大数据时代的政府组织架构变革与行政流程再造，最终目标和理想状态是建立一个整体性的政府。消除"奇葩证明""循环证明""重复证明"是迈向整体性政府的第一步。在整体性政府中，各地区各部门的行政目标和手段不仅相互一致，而且还能相互增强。政府各部门围绕公民需求，通过整体性的组织和流程设置、整体性的财政管理、整体性的技术支撑以及相互信任负责的文化，构成一个无缝衔接的政府。

到那时，连很多公务员都说不清楚的政府部门之间的分工，老百姓不需要去研究；各个单位大门朝哪儿开、领导是谁、办事找谁好使，老百姓也不需要打听；甚至行政服务大厅，老百姓都不必往那儿跑。只要拿出手机点几下，或者走几步去街道社区转一圈，就可以轻轻松松把事办完。正如学者项靖等所言，"节省民众与政府的接触和业务申办上所须耗费的时间与精力，实现民众心中所追求的'小事无忧、大事不愁'的安居乐业愿景，才是电子政务能够带给民众的最大与终极价值"。

2.2　"12345"数据让城市更美好

近年来，以"12345"为代表的政务热线在经历了多年的整合和标准化建设后，已逐步成为公众咨询投诉和获取服务的重要渠道。更重要的是，各地政务热线积累的海量数据具有数据量大、真实性高、覆盖面广、时效性强等优势，可以帮助政府部门更好地了解公众的需求和城市治理中存在的问题，从而增强公共服务的精准性，也为提升政府自身的精细化管理水平提供了有力支持[18]。

据中山大学数字治理研究中心主任郑跃平介绍，广州市政务热线利用过去几年间的公众咨询投诉数据，通过大数据分析来对未来三年的话务量进行预测，从而更好地估算人力、场地、系统开发等方面的需求和成本，以此来提升资源配置的效率。这些数据也被用来进行热线工作人员的绩效评估，从而实现服务质量的持续提高。与此同时，通过与环保、城管等部门的数据共享和协同，政务热线还帮助这些部门推动污染、噪声、违建等多方面问题的解决。中山市还通过对政务热线积累的消费维权数据进行分析，来更好地识别不同区域、街道、商场等存在的假冒伪劣产品或售后服务问题，以及这些问题近年来新的变化趋势。这些数据分析可以帮助市场监管部门准确进行问题识别和分类，从而提升监管的精准性和有效性。

更进一步地，政务热线的数据不仅可以在政府内部使用，还可以在脱敏后向社会开放，让各种社会主体一起来挖掘数据价值。在这方面，国际上已有不少尝试值得我们参考借鉴。例如，在纽约，人们在城市的公园和步道上发现狗粪时可以拨打"311"热线投诉，而这些投诉数据向社会开放后，数据科学家把狗粪投诉数据和纽约自行车道路数据、城市自行车站位置数据、允许设立户外座位的餐馆的营业执照数据以及街道树木普查数据进行融合分析，发现了纽约市最适合夏季外出游玩的地点。

当前，政务热线正迈向智能化的新阶段。大数据和人工智能时代的政务热线已不仅仅是传统的热线呼叫中心，更成为城市数据中心和智能化服务平台——通过热线大数据的挖掘来有效识别公共需求及城市问题，从而支撑政府决策和城市治理走向科学化和精准化[19]。同时，政务热线数据的开放也带来了政府、企业与市民共同解决城市公共问题的新机遇，让每一位市民都能够贡献智慧，从而让我们的城市生活更加美好。

2.3 大数据辨识真假"鬼城"

2010 年，一篇报道将内蒙古自治区鄂尔多斯市康巴什新区称为"鬼城"。之后，关于中国多地超前建设成为"鬼城"的报道此起彼伏。然而，上述报道是真实的，还是有夸大或不实成分？这既难以证实也难以证伪。例如，有媒体报道，山东乳山市的住房空置情况严重；而也有媒体报道，乳山市居民数量增加，已经摘掉了"鬼城"的帽子。还有些城市由于近年来旅游业发展迅速，为了满足游客的需求，兴建了很多度假小区。这些小区在旅游旺季时居民会增多，而在淡季时居民就会减少，变成了所谓的"鬼城"，其实这类人流潮汐现象也属正常。而上面这些讨论都指向了一个问题："鬼城"的真实情况到底如何？

我国数据科学家吴海山的团队通过分析智能手机定位数据，首次对我国的"鬼城"进行了量化研究，监测到 20 个城市住宅空置率比较高的区域，并将因旅游度假的季节性因素造成的住宅空置和真正的"鬼城"进行了区分。研究发现，一些被媒体炒作为"鬼城"代表的城市新区入住率已经显著提升，而一些地方的老城区以及转型中的资源城市则出现了较多的住房空置现象。例如，最早被报道的鄂尔多斯市康巴什新区已经不是"鬼城"，而鄂尔多斯旧城区东胜区的人口流失反而更为严重。类似的情况还出现在天津，很多人认为只有天津滨海新区是"鬼城"，但经数据分析发现，位置并不偏僻、拥有学区房与地铁站的津南区，其住房空置情况也比较严重。另外，转型中的资源型城市山东东营和内蒙古通辽科尔沁区，也出现了较多的住房空置的情况[20]。著名人工智能科学家吴恩达（Andrew Ng）对此评论道："是时候让机器学习来实现数据驱动城市规划了。"

国务院总理李克强指出，"推进城镇化，核心是人的城镇化，关键是提高城镇化质量，目的是造福百姓和富裕农民"①。人是一切社会经济活动的主体，推进新型城镇化不应是一场"造城运动"，而应该把出发点和落脚点都放在"人"上。上面这个基于移动互联网和大数据技术的分析给围绕"人"的调查研究提供了新的思路。

大数据让政府决策从经验驱动转向数据驱动。展望未来，通过系统采集客观数据，充分利用数字化关联分析、数学建模、虚拟仿真及人工智能等技术，对海量数据进行模块化分析和政策模拟，将为政策规划和决策提供更加

---

① 来自 2013 年 1 月 15 日国务院总理李克强到国家粮食局科学研究院考察调研时的讲话。

精确的依据，为政策实施提供更为全面、可靠的实时跟踪，为政策效果的评估提供更加科学全面的方法。无论是对人口、交通、资源环境等领域开展动态监测、安全预警，还是为宏观经济领域转变发展方式的决策规划提供数据支持，大数据都拥有巨大的应用潜力。

开展数据关联分析和应用的前提是跨部门数据共享和数据治理。政府数据如果分割在一个个孤岛之中，既不能开展大数据分析、形成整体合力，也不利于集约化管理和降低成本，还容易产生严重的安全隐患。近年来，国务院大力推动政务信息系统整合共享取得了积极成效，"各自为政、条块分割、烟囱林立、信息孤岛"的问题得到了明显改善。

然而，要真正实现政府数据整合共享，还需超越"为共享而共享"的思路，站在数据治理的高度来审视、规划和推动数据共享工作。第一，要推进数据治理法律法规建设，营造"依法治数"的良好环境。第二，要健全数据治理组织架构，完善数据治理管理机制。第三，强化数据资源管理体系，全面提升数据治理能力，这涉及数据质量、数据安全、数据标准、数据架构、元数据管理和数据全生命周期管理等内容。第四，加快数据共享开放步伐，建设数据利用生态体系，吸引社会各方基于城市的实际需求和应用场景对开放数据进行融合利用，创造社会经济价值，并形成正向反馈，进一步推动政府数据治理和数据共享开放，构建起一个动态循环的开放数据生态系统[21]。

2.4 "数据铁笼"让权力不再"任性"

"大数据监督平台已经成为不能腐的利器"，"信仰是不是淡化了，思想是不是放松了，情趣是不是低级了，工作是不是松懈了，都能通过大数据找到蛛丝马迹"。2019 年 5 月初，随着一则"大数据反腐系统在偏远地区因运行效率太高被关闭"的消息在网上流传，负责这一项目的中科院计算技术研究所方金云博士从幕后走到了台前，斥消息为不实报道。这一面向纪检监察系统的试验始于湖南省麻阳县，目前已在全国 30 多个县（市、区）应用[22]。

"要不是这个系统，钱被人冒领了这么多年，肯定还蒙在鼓里，从今以后不怕被人忽悠了！"一位村民登录民生资金监督系统，发现自己在 2014 年领取了 8000 元的救灾资金，跟实际领取金额有差距，于是在系统上举报。有关部门调查后发现，村支书私自截留了村民的救灾资金。另一位村民在村里的民生监督终端机上查询自家的养老保险金，竟发现已经去世两年的母亲仍在按时领钱。很快，村社保协管员冒领他人养老金一事被曝光并查处。无独有偶，某市卫生部门一个月内的办公用品采购花费超过了 15 万元，然后系统自动发出了预警，之后纪委跟进核查，发现了部门领导用办公用品发票报销采购酒水费用的违规行为。

为了强化对政府自身的监督，贵州省打造了"数据铁笼"，省纪委监委引入公职人员的个人信息、工商数据、死亡数据、房产信息、车辆信息、大病医疗异常分析等 10 个比对模型，并打通与民政、人社、住建、卫计、移民等主管部门的数据共享壁垒，通过数据比对快速发现和处置问题，实现对涉及民生项目的公职人员不间断监督。省财政厅建立了预算执行动态监控系统，设置了"向洗浴中心、高尔夫球场等特殊收款人转款"的事前禁止、"公务卡向特殊收款人转款"的事中拦截、"行政事业公务接待费"等支出事后预警等纪律监督规则，一旦出现不合规的"三公"经费支出行为，系统能提前制止或及时拦截。系统运行以来，已完成 1137 条事前禁止、事中拦截、事后预警数据，涉及金额达 1558.4 万元[23]。2015 年 2 月，国务院总理李克强曾考察北京·贵阳大数据应用展示中心，详细了解贵阳利用执法记录仪和大数据云平台监督执法权力情况。李克强说，把执法权力关进"数据铁笼"，让失信市场行为无处遁形，权力运行处处留痕，为政府决策提供第一手科学依据，实现"人在干、云在算"[24]。

大数据为完善政府自身管理提供了新的手段。在大数据、云计算和移动互联网等技术的辅助之下，实现权力运行全程规范化、数字化，处处留痕迹。特别是对于行政执法、行政审批等违法违纪多发环节，通过数据挖掘可以及时发现和处理各类不作为、乱作为及腐败行为，变人力监督为数据监督、变事后监督为过程监督、变个体监督为整体监督，大大压缩了权力寻租空间。同时，将监督前置也有利于在公职人员违法违纪"疾在腠理"之时及时提醒和纠正，防止小错积累成大错，也是对公职人员的一种保护。

值得注意的是，数据在政府自身管理中的运用并不能孤立存在，只有把它与制度、组织、文化等方面的变革结合起来，才能真正发挥潜力。只有在制定好权力清单、责任清单、负面清单的基础上，才能将权力运行流程和环节细化、固化和数据化。只有针对权力运行的流程建立起完善的风险评估机制，才能在技术的辅助下及时预警和发现行政不作为、乱作为等行为。技术再先进，最终还是要靠人来执行。切实增强制度执行力，才能让"数据铁笼"和"制度铁笼"紧密结合，产生"1+1 > 2"的威力。

2.5 "Gov Store"：开放数据，建立生态

数据是国家的战略性资源，国家大量基础性、关键性的数据掌握在政府

手中。这些数据是社会的公共资源，在保障国家机密、商业秘密和个人隐私的前提下，将政府数据最大限度地开放出来，让社会进行充分融合和利用，有利于释放数据能量，激发创新活力，创造公共价值。

到 2016 年，联合国 193 个成员国中已有 106 个国家提供了政府数据开放目录，与 2014 年相比增加了一倍多[25]。我国国家层面的政府数据开放平台也正处于紧锣密鼓的建设之中。而作为"改革开放排头兵"和"创新发展先行者"[26]，近年来上海市的政府数据开放工作取得了显著的成效。2012年 6 月，我国内地首个地方政府数据开放平台——"上海市政府数据服务网"上线运行，如图 2.2 所示。该平台由上海市政府办公厅和市经济信息化委员会牵头，市公安局、市工商局、市交通委等 9 家试点单位参与。网站上线后引起了不小的反响，运行首月访问量就达到 35 万人次。截至 2019 年 5 月，上海市政府数据服务网已开放了 45 个政府部门的 2000 多个数据资源，网站访问量超过 170 万次。在"2019 中国开放数林指数"的省级平台排名中，"上海市政府数据服务网"名列第一[27]。

政府数据开放的根本目的在于推动数据利用。上海市在建设和优化数据开放平台的同时，大力推进开放数据的社会化利用，培育政府数据开放的生态系统。为此，上海开放数据创新应用大赛应运而生。大赛的简称"SODA"刚好与苏打水的英文拼写不谋而合，"政府和公共部门手中蕴藏着大量与城市生活息息相关的数据，这些数据就像封装在玻璃瓶里的苏打水，看上去安静平稳，悄无声息，但只要一打开瓶盖，就能瞬间迸发出无穷的能量"[28]。

SODA 大赛从 2015 年起连续举办，大赛以政府数据开放集聚社会智慧，释放开放数据能量。在历届 SODA 大赛上，政府多部门联合开放了大量高

图 2.2　上海市政府数据开放平台——"上海市政府数据服务网"官网首页截图

质量的数据，吸引了众多参赛者提交创意方案，取得了很好的效果和良好的影响。2015 年的 SODA 大赛以"城市交通"为主题，开放了城市道路交通指数、地铁运行数据、一卡通乘客刷卡数据、浦东公交车实时数据、强生出租车行车数据、空气质量状况、气象数据、道路事故数据、高架匝道数据、新浪微博数据等 10 类数据集。数据以可机读格式开放，数据总量共约 1 太字节，其中大部分数据集在国内属首次开放。大赛面向全球征集改善城市交通、便利市民出行、创新商业模式的解决方案，最终吸引了近 3000 人参赛，选手们提交了涉及交通综合分析、公交优化、出行规划、绿色出行、交通金融（保险）模型等主题的总计 505 个创意方案，包括出行计划、出租车合乘、地铁运营优化、智能抑尘、骑行生活等应用。

政府数据开放之后，可以通过众包众创的方式来解决公共问题，还有很多来自国外的新思路、新点子可供参考。例如，波士顿的消防栓在冬天经常被大雪掩埋，很容易耽误火灾救援。为了解决这个问题，一个程序员自发建立的组织利用波士顿市政府开放的消防栓位置数据，开发了一个名为"领养消防栓"的小游戏。在大雪后第一个把某个消防栓挖出来的人，就可以"领养"这个消防栓，并用自己喜欢的名字给消防栓命名[29]。波士顿市民特别是小朋友们对领养消防栓乐此不疲。即便有些消防栓没人领养，市政部门也很容易从地图上发现，从而及时组织人员处理。

通过开放数据，政府部门不必再自己提供全部的公共服务，而是可以通过与数据利用者的合作来提供公共服务，在解决问题和创造价值的同时还节约了费用。过去政府提供公共服务的方式就像一台"自动售货机"，公众投钱、政府建设。虽然政府投入了大量的人力、物力和财力，但服务的数量和质量却不尽如人意，甚至还经常卡壳。而苹果公司的移动应用商店 App Store 上有几百万个应用供用户下载，但它们绝大多数都不是苹果公司自己开发的。苹果公司所做的是搭建平台和维护秩序。

同理，政府部门通过开放数据，也可以建立起一个政府应用的生态系统"Gov Store"，让企业、社会组织和公民个人等各种社会主体在平台上利用政府开放数据来进行创新应用[28]。正如"Web 2.0"和"政府即平台"概念的首创者蒂姆·奥莱利（Tim O'Reilly）所言，在互联网时代，"市民从没像今天这样互相连接起来，并具备技能和热情来解决他们遇到的问题"，政府应该建立一个开放的平台让政府内外部的人都能进行创新，从而打造一个"集市"，让社区成员互相交换商品和服务。

政府数据开放是公共服务合作众创的基础。但是数据并不能为了开放而开放，而是要为了进一步推动"治理"回归本源。"治理是各种公共的或私有的个人和机构管理其共同事务的诸多方式的总和。它是使相互冲突的或不同的利益得以调和并且采取联合行动的持续的过程。"[30]治理过程的基础不是控制，而是协调；不是统治，而是协作。由此不断推进国家治理体系和治理能力的现代化，满足人民日益增长的美好生活需要，提升我国在全球的竞争力和吸引力。

2.6 数据跑不到的地方，用温情来弥补

大数据在公共管理和服务中能够发挥巨大的作用。但我们也要避免"为了创新而创新"，只去追求表面上的新鲜炫丽；避免"言必称数据"导致下属忙于统计数据，却忽略了提升工作实效；避免只忙于囤积数据，却疏于数据治理，导致过时、错误的数据得不到有效治理；避免只重视数据中心的建设，却忽视大数据实际应用的落地。

大数据能够助力公共服务的便捷化、精准化和个性化已成为共识，这一转变固然离不开数据的支持，但更重要的是从供给导向到需求导向、从管理导向到服务导向的意识转变，防止"数据迷信"和"技术迷信"。毕竟，再先进的技术也改变不了不合理的工作流程和落后的服务理念。

除了数据，政府公共管理和服务的改进和完善还需要政府部门增强服务意识、创新方式方法、主动靠前服务。而且，数据也不是万能的，不是所有

证明都可以借助数据共享取消的。例如前面提到的金华市"无证明城市"创建工作中，群众办理危旧房拆后重建，原本需要提供旧房已经拆除的证明，现在改成由驻村干部上门核查。在暂时无法依靠数据"跑腿"的情况下，把"群众跑腿"变成"干部跑腿"，体现了政府为民服务的意识。

2017 年，东南大学研究生创新团队针对留守儿童问题研发的数据可视化平台，在一场大数据竞赛中获得最佳设计奖。该平台用数据可视化的方式展现各地区留守儿童的健康、教育、安全等情况，并且能够针对各村留守儿童管理状况进行综合评判和打分。该平台还能计算出设置留守儿童关爱站的最佳地理位置，方便政府部门更精准高效地服务留守儿童[31]。当这一平台把各种数据分析结果呈现在政府部门工作人员眼前的时候，更重要的就是"干部跑腿"，把政府和社会的关爱送到每一户留守儿童家庭，才能避免数据空跑、系统空转。

"桃花潭水深千尺，不及汪伦送我情。"人与人之间面对面的感知互动，有时胜过千万条数据。数据跑不到的地方，用温情来弥补。政府公共服务面对的对象是人，在后台数据的支持下，还需要依靠热心肠的前台政府工作人员提供热心、周到、细致的服务，才能让群众真正感受到"春天般的温暖"。

"凡是有甜美的鸟歌唱的地方，也都有毒蛇嘶嘶地叫"（托马斯·哈代）。数据不仅有跑不到的地方，还有防不胜防的漏洞。近年来，国内外公共部门的数据泄露事件屡屡曝光。2016 年举国震惊的"徐玉玉被电信诈骗案"，就是由于教育部门掌握的高考学生数据被犯罪分子非法获取。我国于 2019 年实施了新的《中华人民共和国个人所得税法》。在国税总局的个人所得税 App 上线仅一天后，安全人员就检测到 62 例伪装木马样本，试图盗窃公众的个人数据。利用大数据改进公共服务与保护公民的数据安全和隐私，二者不可偏废。

大数据时代的政府管理和公共服务，是用户导向的价值追求和效率提升的效用追求的融合，数据的力量为治理的每一个环节赋能，在制度、组织、文化等各方面全面提升的配合下，对内整合再造，对外连通开放，将更好地造福社会、造福人民。

第三章

变革时空：
数据再造出行与物流

预测给我们知识，而知识赋予我们智慧和洞见。

——杰克·莱维斯[32]

春运，人类最大规模的周期性迁徙活动，浩浩荡荡的人潮在全国各地围绕一个寓意为团聚的节日而奔涌、汇聚、分离。人群搭载何车来？人潮欲往何处去？何处是起点，何方作中途，何地为归程？这一切的一切，都可以在大数据描绘的春运画像中一探究竟。

最新的春运大数据显示，从"看父母"转变为"接父母"已成为春节阖家团圆的新趋势。一改以往节前从沿海到内地、从城市到乡村，节后再回沿海城市的移动轨迹，"反向春运"成为越来越多中国人过年的新选择。

2019年1月23日，在广东佛山打工的孙先生和妻子怀着急切的心情赶往广州南站，去迎接暌违已久的母亲和儿子。而此时坐在G825列车上从长沙去往广州南站的孙母，正带着孙子满心欢喜地望着列车两边不断变换的景色。等待他们的除了在出站口翘首以盼的亲人，还有初到广东的新鲜感。"现在生活好了，与其让儿子儿媳回湖南老家过年，不如我带着孙子来佛山过年方便。"孙母说道[33]。

2019年1月24日，在开往福州的G1755次列车上，乘务员和"小候鸟"做起了游戏。春运期间，大批务工人员子女随长辈踏上与父母团聚的旅途，南铁福州客运段提前对重点线路乘务组进行儿童陪护培训，在列车上准备了书本和玩具，用爱心护航"小候鸟"的团圆路。

在2019年的春运迁徙人流中，有着无数位像孙母一样的旅客，让春运的方向更加多样化。随着高铁网络在中国的飞速延伸，铁路已经成为越来越多人春节团聚的出行方式，而既能避开拥挤的春运高峰，又能够与家人相聚的"反向团圆"也受到越来越多人的欢迎。将远在家乡的父母和孩子接来自己工作的城市过年，节后再送他们返乡，成为不少在都市打拼的"80后"

"90后"陪伴亲人过年的方式。数据显示，2019年春运期间，全国旅客发送量达29.8亿人次，总量与2018年相差无几，但运输结构已悄然改变，其中铁路客运约4.1亿人次，比2018年增长6.7%，而公路客运约24.6亿人次，下降了0.8%。在春运目的地方面，节前反向客流增长明显，各热门出行方向的反向客流合计增幅为7.4%。而原来一遇春节就出现人口净流出的北上广深等大城市，在2019年悄然成为春节的热门目的地[34]。图3.1所示为2019年春节后，中铁西安局动车组机械师检查动车，保障春运下半程的安全。

图3.1 春节后，中铁西安局动车组机械师们仍坚守岗位（王曙天／人民图片）

春运的每时每刻都在产生着数据，而大数据技术则让分散于各处的春运数据得以汇聚，令其能够为人所用，从而用虚拟的时空维度照亮现实世界。大数据技术可以挖掘、处理和分析现实世界运行所产生的海量数据，通过与物联网、人工智能等技术的结合，以数据化的方式映射实体世界，让现实更加清晰可知，让信息在时间与空间中的流动更加及时明了，让人类生活变得更易预测，从而带来更智能化的互联互通。

3.1 城市"数脑"：改善交通拥堵的新方案

杭州的"堵城"之困

2016 年 10 月 13 日，在云栖大会的开幕仪式上，杭州市政府向全球宣布启动杭州"城市数据大脑"建设，意在为杭州这座千年之都安装上新的智能中枢。杭州"城市数据大脑"打响的第一战就将剑锋直指城市拥堵问题。

为什么杭州"城市数据大脑"将首个攻略对象选为交通拥堵呢？因为杭州实在是太堵了，交通拥堵问题已经成为不得不解决的城市难题！

荷兰导航、交通和地图产品提供商 TomTom 每年都会依据其 GPS 模块上传的数据对全球主要城市的道路拥堵情况进行排名，在其 2017 年发布的全球交通指数报告（基于 TomTom 2016 年的数据库）中，杭州在全球最拥堵城市中排名第 16，是我国长三角地区最拥堵的城市。该报告显示 2016 年杭州拥堵指数高达 43%[①]，比 2015 年上升了 5%，也就是说如果一个普通杭州市民平时从家里到公司的路程是 1 小时，遇上交通拥堵，他就需要多花 25 分钟以上才能到达。而在这被拥堵抢走的 25 分钟时间内，他本来可以和家人更安心地吃一顿温暖的早饭，或者带着宠物在小区里慢慢地溜一圈。

据统计，拥堵导致杭州整个城市平均每人每天需要多耗费 38 分钟的时间，每年的额外耗时则高达 144 小时。这意味着这座城市的每一个人都被拥堵"掠夺"了时间，上班族们增加的通勤时间挤压着他们的休息自由，运

---

① TomTom 拥堵指数（TomTom Congest Index，简称 CI）。

输公司在路上增加的耗费侵蚀着效率和利润，带着憧憬来杭州的游客们因为不顺畅的通行影响着心情和体验……"拥堵"造成的社会经济损失是难以估量的！

不顺畅的交通状况已经成为限制城市发展的瓶颈之一，缓解交通拥堵势在必行，而大数据则为杭州提供了全新的解决方案。

城市"数脑"打响治"堵"之战

你有没有遇到过这样的情况：一个漫长的红灯过了，车开不了几分钟，前面又出现红灯，而漫长的红灯下没有任何行人与车辆通过，红灯对面却堵着长长的车流，所有人都在焦急地等待着绿灯放行……相信很多人都遇到过不合理的红绿灯规划所导致的时间浪费，杭州城市数据大脑 1.0 就将目标锁定在红绿灯上。

杭州的"城市数据大脑"是一个按照城市学"城市生命体"理论和"互联网 + 现代治理"思维，整合汇集来自政府、企业和社会的数据资源作为智慧之源，以大数据、云计算、人工智能等前沿科技构建的平台型人工智能中枢。作为城市的智慧"大脑"，它具有公共资源配置优化、宏观决策指挥、事件预测预警和"城市病"治理等功能[35]。

在 2017 年 10 月的云栖大会上，杭州正式发布了数据大脑交通系统 V1.0，它具有智能路况感知、智能"堵"情判定、智能事件巡查、智能配时优化和智能辅助等功能。城市数据大脑交通系统 V1.0 通过遍布主要交通路口的智能摄像头来实时采集流量、车速等交通数据，并利用这些数据构建虚拟化的杭州城模型，分析关联道路的实时车流量情况，提前预判可能的交通情况，以秒级速度分析设计出路口信号灯时长的最优方案，更智能化地调节交通灯的设置与时长。

杭州城市数据大脑交通系统 V1.0 接管了 128 个信号灯路口，覆盖杭州主城区莫干山路区域等路面主干道和南北城区的中河—上塘高架等快速路，同时服务萧山城区。在主城区，城市数据大脑调控着的莫干山路区域的 24 个红绿灯，车辆平均通行时间减少了 8.5%；在试点的总长为 22 千米的中河—上塘高架，车辆通行平均延误时间缩短了 15.3%；在萧山，城市数据大脑调控 104 个路口信号灯，覆盖市心路、育东路、北山南路在内 5 平方千米的区域，车辆通行速度平均提升了 15%[36]。这些数据背后蕴含着什么样的价值呢？

以中河—上塘高架为例，这是杭州目前最拥堵的高架路段之一，智能红绿灯调节可以帮助每辆车平均节约 4.6 分钟的通行时间。可不要小看这短短的 4.6 分钟，如果每个人的通行时间都能节约 4.6 分钟，那么整个城市的交通成本将大大减少！可以说大数据方案在杭州首次"迎战"交通拥堵，就取得了立竿见影的效果。

城市来来往往的车辆中，有一些车辆对速度和时间更加敏感，因为它们背负着守护生命安全等重任，比如救护车、警车、消防车、工程抢险车等应急车辆，尤其是救护车，每一分每一秒都关系着患者的生命。杭州的城市数据大脑也将关注点放在了这些特种车辆上，在全国率先实现了特种车辆的优先调度，大大提升了应急事件处理效率。

2017 年 10 月 9 日上午，一场救护车演练在萧山区开展。在杭州萧山区市心南路附近待命的救护车司机倪师傅接到 7 千米外的求救电话，他沿着路一直往北开，途中经过 21 个红绿灯路口，几乎一路绿灯到达求助点，平均速度达到每小时 36 千米，一共节约了 14 分钟的时间[37]。可别小看这不长的 14 分钟，要知道心脏骤停 4 分钟内进行心肺复苏的救治成功率可达 50%，而超过这一时间被救活的希望就很渺茫，因此这短短的 14 分钟可以给病患更多的生存机会，很可能拯救无数个家庭！

那么救护车是如何实现一路绿灯畅行的呢？城市数据大脑可以给我们答案。基于起点和终点，城市数据大脑自动规划出了一条救护车最优路径，全程约 7 千米，并将路线发送到救护车司机的手机端上为其提供导航。紧接着，城市大脑会自动根据对救护车的 GPS 跟踪以及这条路线上的交通实时情况反馈，对沿线信号灯进行提前调配。

在这场救护车演练中，为了避免救护车堵在红灯路口或者遇上堵车，城市数据大脑进行了一系列精密的计算。为了保证救护车开到时，前方通行车辆已经驶离道路，从接收到救护车求助信息的那一刻开始，城市数据大脑就已经开始了秒级的分析计算，精细到沿途路口什么时候开绿灯、开哪个路口的绿灯等。

城市数据大脑将沿途交通摄像头拍摄到的视频自动转化为数据，采集邻近路口车辆排队长短的数据，计算出多久可以将车流排空，为救护车留出通道；并根据计算出的结果，自动调节交通信号灯，保证在救护车经过路口时，信号灯是绿灯，且前方没有排队的车辆。同时，监控视频会根据救护车 GPS 定位，实时跟踪其行驶情况，帮助交警把控急救的实时进展，应对紧急情况[36]。图 3.2 所示为杭州城市数据大脑交通系统 V2.0 版控制中心大屏幕。

城市数据大脑交通系统的 V2.0 版在原有特种车辆优先调度的基础上进一步升级，设立了针对消防车、救护车等救援车辆的"一键护航"功能，构建更高效的救援快速通道。

此外，城市数据大脑交通系统 V2.0 还计划在 2022 年覆盖杭州全市域，实现县（市）共联，同时将支持街道级的交通应用。相比 V1.0 版，V2.0 版对城市交通的感知更加精细、实时，它将城市视为一个"生命体"，像 CT 一样对车速、流量、拥堵指数、延误指数等生命指标进行全面扫描感知，以量化数据形式精准刻画出实时、全局的城市交通态势。而且 V2.0 版的城市数据大脑交通系统更加包容开放，它以互联网地图、相关政务 App、广播电台等为媒介，第一时间发布城市交通状态、路况信息和管控措施等，司机等交通参与者也可以通过相应的政务 App 与城市大脑即时互动。这让每一个市民都有机会成为"城市数据大脑"的智慧细胞，实现城市智慧化升级的共治共享[38]。

图 3.2 杭州城市数据大脑交通系统 V2.0 控制中心大屏幕（图片来源：杭州市公安局官网）

以交通大数据和分析技术为支撑的城市数据大脑交通系统，对于杭州交通拥堵的缓解有着十分显著的作用。在 2016 年的《中国主要城市交通分析报告》[39] 中，杭州在年度拥堵榜单中位列全国第 8 位，是长三角地区第一拥堵城市；在引入城市数据大脑交通系统后的 2017 年，杭州排名大幅下降至第 48 位；到 2018 年，杭州的排名继续下降至第 57 位，尤其是早晚高峰拥堵的情况改善明显，民众的行车速度有效提升，杭州成功摆脱"长三角第一堵城"之名。

交通情况的改善与每一个人都息息相关，它意味着我们可能不再需要每天忍受漫长的车流和龟速的前进，不再因拥堵而带着焦虑上班与回家，不再让宝贵的生命因无意义的交通堵塞而浪费，它意味着更高的社会经济效率，意味着更美好更自由的生活！在不久的将来，通过让大数据帮助城市交通来做思考和决策，"城市数据大脑"将会极大缓解交通拥堵状况，将杭州打造成一座能够自我调节、与人类良性互动的城市。

3.2　智慧物流：实现更贴心的最后一千米

疯狂的"双十一"背后是物流业的中国速度

"双十一"，这个中国独有的购物节，以其庞大的交易规模和惊人的发展进程，展示着电子商务发展的中国速度，令全世界为之惊叹、瞩目。

2018 年 11 月 15 日，商务部新闻发言人高峰表示，根据商务大数据的监测，2018 年"双十一"期间全国网络零售交易额超过 3000 亿元，跨境电商进口商品销售额超过 300 亿元，再一次刷新历史记录。从最初的 5200 万元交易额，历经十年达到 3000 亿元，"双十一"的发展速度与量级堪称疯狂。

疯狂的"双十一"折射出的是我国飞速发展的电子商务产业。2009 年，我国电子商务交易额仅 3 万多亿元，到 2018 年则达到了 30 多万亿元。电子商务的规模在短短 10 年间增长了近 10 倍。在举世瞩目的电子商务背后，是物流在为其提供支撑，电子商务的跃进伴随着物流业的不断发展。而且，虽然随着电子商务的快速发展，物流业务量逐年增长，电商物流的服务质量、物流时效和效率水平却在不断提升。

十年前的我们或许对网上购物还不熟悉，也并不信赖，但如今网购已成为我们离不开的生活方式，网购也给我们工作生活的方方面面提供了丰富的选择。各类品牌、各种特色产品，通过遍布世界的物流网络送到我们面前，取快递、寄快递已经成为我们的日常，"江浙沪包邮""一天到"等成为我们日常生活中谈论的高频词语。在 2018 年的"双十一"期间，最快的快递只用了 8 分钟就将商品（一箱矿泉水）送到了消费者手中，这个速度甚至可能比我们下楼去附近的便利店买一瓶矿泉水还要快！

根据菜鸟网络与交通运输部科学研究院、阿里研究院共同编制的《2017中国智慧物流大数据发展报告》，"双十一"包裹订单数量迅猛增加，物流的服务能力却在不断提升，由原先的拥堵"爆仓"、用户体验差提升至井然有序的状态。例如 2016 年"双十一"的包裹履约率相比 2015 年提升了近25%，1 亿件包裹的签收时间减少至 2013 年的三分之一左右[40]。

在这样的快速发展中，中国的电商物流是如何实现数量与质量双跃进的呢？其秘诀在于融合大数据、物联网等创新技术与思维的智慧物流。

大数据为物流注入智慧之源

随着近十年来技术和社会的发展，尤其是大数据的发展，"智慧物流"概念有了更深的拓展。大数据、物联网和互联网等被普遍认为是智慧物流的核心技术。通过对商流、物流等数据进行挖掘和分析，大数据可以更精准、清晰地反映物流及市场的现状并预测未来变化，帮助企业更好地预测用户需求并形成派送路线、优化仓储网络和设备维修等方面的决策。

2009 年，IBM 最早提出了"智慧物流系统"（Intelligent Logistics System）的概念，认为智慧物流以具有先进、互联和智能三大特征的"智慧供应链"为基础，重视整合物联网、传感网与现有的互联网，通过精细、动态并且科学的管理，实现物流的自动化、可视化、可控化、智能化和网络化，从而提高资源利用率和生产力水平，创造更丰富的社会价值。

菜鸟网络用大数据推动物流升级

菜鸟网络公司是国内最早将大数据和智慧物流理念应用于物流行业的企业之一。从 2013 年开始，菜鸟网络公司就开始利用大数据技术服务"双十一"天猫购物狂欢节，2014 年其预警雷达预测准确率高达 95% 以上，试用初期即有效缓解了"双十一"的物流压力。到了 2018 年，根据阿里财报信息，菜鸟网络在"双十一"中处理的物流订单数量已达到惊人的 8.12 亿个，但是物流的到达时间、客户的服务评价却在不断提升。菜鸟网络是如何实现物流方面数量与质量双赢的呢？我们可以从菜鸟网络依托大数据技术、变革物流全流程的诸多重要环节中一探究竟。

在仓储包装环节，菜鸟网络公司运用大数据技术智能调度商品存储。结合相关的商品、物流数据，菜鸟自动化仓库可以预测商品的畅销程度，进而对其仓库和货架进行智能调度，最大限度减少商品物流节点，缩短商品传送路径，提升仓储和物流效率[41]。图 3.3 所示为菜鸟网络的智能仓库。

菜鸟网络还结合大数据和人工智能技术，实现了智能包装。传统的订单商品包装一般根据人的经验来选择，效率低且很可能会浪费大纸箱，而借助大数据和人工智能技术，菜鸟仓库在商品入库之前就知道其尺寸和特性，可以自动为订单分配最适合的纸箱和摆放方式。相比人工判断，智能包装平均每件可以节省 5% 的耗材，不仅节省了包装成本，也更加低碳环保[42]。

图 3.3　菜鸟网络的智能仓库（于连 / 视觉中国）

在分单和路线规划上，菜鸟网络基于海量大数据系统和阿里云系统，以菜鸟电子面单为载体，推出了大数据智能分单项目，用大数据分单来替代人工分单。这不但能使快递运送路线的规划最优化，还大大减少了错误操作。传统人工分单会有 5% 的分单错误率，而使用智能分单后，快递公司的分单准确率达到 98% 以上，仓库分拣效率普遍提高 50% 以上[40]。目前国内主流物流企业已经陆续使用该项目，使得包裹在分拨中心流转的效率大大提升[43]。

在"最后一千米"的配送上，大数据也给菜鸟网络提供了更多可能。菜鸟网络的物流数据平台汇集商家、物流公司、气象数据和交通实况数据等数据资源，深度挖掘阿里平台上海量的商品、交易、用户信息和社会物流网络信息，实现了物流过程的数字化、可视化，能够对全国各大物流公司进行整个包裹流转链路的运输预测和预警，让物流公司可以实时掌握物流网络每个环节的"未来包裹量预测"和"繁忙度实况预警"；同时也让商家能够了解物流公司的状况，选择合适的物流公司进行商品配送，实现智选物流的目标，让商品能够更快更安全地送到顾客手中。

从需求预测、仓储包装再到分拨配送，大数据为智慧物流的升级革新提供了无限可能，使其能在更短的时间内提供更优质的服务，实现更贴心的"最后一千米"。

3.3 数据开路：来一场说走就走的旅行

旅游市场流通领域的核心活动者是旅客而非商品，而旅客的流动通常由有关旅游商品的信息传递所引发。从这一意义上讲，信息是旅游业的核心内容[44]。而大数据则为旅游业数据挖掘、治理、加工、分析及应用提供了全新的可能。

大数据描画人来人往，创造旅游商机

马蜂窝是国内著名的基于个性化旅游攻略信息构建的自由行交易与服务平台，超过 1 亿的注册用户数量及其产生的旅游用户生成内容（User Generated Content，UGC）数据是马蜂窝的核心资源。统计显示，马蜂窝用户每个月产生的游记已达 13 万篇，用户点评量超过 1.8 亿条，全站独立用户数量已经突破了 1.3 亿，月均活跃用户数量超过 8000 万。从用户的访问，到内容的产出、深度浏览和评价，再到用户在马蜂窝形成的交易信息，都形成了海量的大数据资源。在马蜂窝，每天新产生的数据量超过 3 太字节，已经覆盖全球目的地（Point of Interest，POI）超过 5000 万个，这一数据是非常惊人的[45]。目前马蜂窝已经从纯粹的旅游平台转型为旅游电

商平台，仅三年时间营业额就达到了 100 亿元。这背后，对于旅游 UGC 大数据的研究和应用，是马蜂窝实现业务量快速增长的关键因素。

用户生成内容泛指用户在网络上发表的具有一定创新性的文字、图片、音频和视频等内容。随着互联网的发展，旅游 UGC 数据，例如旅游在线评论、博客、用户在社交网站上传的文字和图片等，业已成为旅游大数据的重要来源，在消费需求预测、旅游开发等方面具有极高的应用价值。例如美国著名在线旅游网站 Travelocity 将大数据分析用于每天都会产生的供需变化定价、库存和广告。Travelocity 运用最佳交易分析和推荐引擎向目标客户推送个性化产品，并通过分析模型将结果推送给边缘应用，支持相关应用商进行实时决策。

马蜂窝正是中国 UGC 大数据最成功的应用者之一。马蜂窝用大数据发现用户、形成决策。用户旅行决策前，会在马蜂窝产生长期的内容浏览行为，比如浏览关于旅游目的地的相关游记和路线推荐、查询其他游客的点评等。通过挖掘相关数据，马蜂窝可以实现对整体客群的全景画像，为用户精准匹配后端的优质旅游产品，实现千人千面、所见即所需。同时，根据海量用户的需求趋势，可以根据大数据分析结果，优化旅游商品的供给，引导对应的供应商增加供应，并按不同用户类型提升自家的商品呈现力和销售服务力。而且在实现售卖之后，马蜂窝平台上就又会产生大量的用户购买和评价 UGC 数据，比如新的游记和评论，反推商品优化和内容引导[45]。

大数据还为马蜂窝拓展旅游商业合作提供了可能，创造了旅游供应商之间的共赢。早在 2014 年，马蜂窝就与航空服务商"在路上"旅业合作推出了反向定制产品，这些产品根据用户偏好数据定制及预售，不仅符合旅行者需求，而且具有较高性价比，产品在推出的 5 分钟内被抢购一空。此外，海南航空、美国马萨诸塞州旅游局也与马蜂窝合作开发了系列反向定制旅游产品。这种预售 + 反向定制的 C2B 模式基于庞大的用户数据，预判消费者的喜好或消费倾向，定制相应的旅游产品，满足个性化出行需求。通过大数据分析用户行为或聚合社交力量，这种模式可以撬动和重构上游的旅游资源[46]。

大数据让景区更智慧，让旅行更安心

短视频让重庆的众多景点成为爆款和网红，其中洪崖洞的热度更是名列前茅。2017 年一段"千与千寻同款夜景"的小视频在社交网络广泛传播，重庆洪崖洞的旅游热度也随之迅速提升至全国第二位，仅次于北京故宫，成为重庆第一个因短视频而爆红的景点。汹涌的人潮为景区带来热度与关注，同时也带来了巨大的管理与安全压力，而大数据则为景区管理提供了更高效的解决方案。

景区管理及景区相关产业的信息系统、视频监控系统、感知系统等所有数字景区系统每时每刻都会产生大量的数字、文本和视频数据；景区外部的社交网络等互联网平台也会产生大量与景区有关的数据。此外，景区独特的自然地理特征、历史文化特点等，也可以转化为空间地理数据和历史人文数据。这些海量数据为景区的智慧化提供了数据资源，大数据技术则助力智慧化落实。

2018 年重庆推出"重庆旅游云"，依托大数据、人工智能、云计算、物联网等智能化技术，对旅游目的地资源、服务等数据进行整合，以提升景区管理水平，助力景区精准营销和产品升级，并为游客提供行程规划和信息查询。最热门的景点洪崖洞成为试点，"重庆旅游云"为洪崖洞定制了运营系统，将人流和景区接待能力匹配，提前预警，实现人流监控数据化与智能化。通过实时的数据采集与分析，景区管理人员可以了解接待游客量、接待收入、全市国内及出入境游客量等数据，及时掌握景区内相关人流数据，形成旅游预测预警机制，并及时调度资源。

大数据给洪崖洞景区带来了哪些改变呢？首先，大数据让景区变得更安全。大数据可以帮助景区管理者预测游客数量达到峰值的时间，当某一时段发现游客人流量可能达到洪崖洞景区所能承受的上限时，管理人员可以提前对进入景区的游客数量进行控制，并加派人员进行安全疏导，有效地保障游客的安全。此外，游客也可以在洪崖洞微信公众号内直接看到景区人数、密度分布、排队情况等信息，以便提前规划行程，合理安排时间，错开人潮拥挤的高峰时段，让自己的旅行更加舒适安全。

其次，大数据让景区管理变得更有策略性。大数据可以更精确地告诉景区管理者景区内哪些景点更受欢迎、游客都来自哪里、游客有哪些需求、什么时间是景区的人潮高峰，等等，帮助景区管理人员更好地实现更科学和精细化的管理。例如，通过分析游客的到访高峰时间和景点情况，可以更好地规划景点及旅游设施（如厕所、停车场等游客当前痛点所在设施的数量和容量等）和旅游宣传方式。

大数据也大大提升了旅行的体验。通过大数据对景点、商店和游客评价等数据的分析，可以描绘出更立体、更全面的导览图，推荐最好吃和最有当地特色的食物、购物最安心的商店、最值得打卡的景点、不同景点最适合游览的时间和季节，以及最方便快捷的交通路线，帮助游客们锁定旅行中吃穿住行的最优选择，让旅行更轻松、更有趣。

大数据可以精准地描画出旅客的往来去向、出行方式、出行轨迹，以及景区人流情况等，为旅行的优化升级带来了更多可能性。让我们以数据导航，背上背包，来一场真正说走就走的旅行吧！

3.4　数据止痛：改变时间与空间的交错

错位的时空与滞后的信息，无处不在的痛点

在交通、物流和旅游领域，实体与数据跨地理空间的流动速度是影响效率与效益的重要因素，也是目前限制其进一步发展的主要瓶颈。

庞大的出行需求、割裂的数据、缺乏智慧的管理和欠缺科学依据的规划，让人类因交通拥堵而付出的时间与社会经济成本难以估量。拥堵，让必不可少的出行成为人们无法规避的棘手难题。

在物流业，大量资源和数据分散于物流的各个环节中，但是物流各环节的主体间仍然存在着如孤岛般隔离的现象，供给与需求的信息无法完全对接，仓储和运送的速度难以有效提升。

数据是旅游的核心要素，旅客流动、景点管理、旅游设施规划与服务提供等，都离不开数据。但是由于数据的不完备与流动的不畅通，旅游资源存在着极大的配置不均衡与浪费，游客的旅行体验也有待提升。

这些无处不在的痛点，呼唤着全新的技术与管理理念，大数据技术则是踏浪而来的变革之舟。

汇聚与分析，点亮散落数据的价值

在现代信息社会中，我们被社交网络、电子商务和物联网包围，每天都面临着大量的结构数据和非结构数据。这些数据如同星尘般散落在世界的各个角落，分别受控于政府、公共事业单位、移动运营商、互联网公司和个体

用户等各类主体。例如，公共部门的交通管理数据、交通运输数据、交通规划数据、气象数据，企业的铁路、民航运输数据和保险数据，交通流量、道路监测等物联网数据，以及导航数据、位置数据等运营数据，等等，都是交通大数据的组成部分。

分散的数据再庞大，不进行整合则不能利用，不能利用则无法产生价值。因此能够整合并分析海量信息的大数据技术，才是点亮这些数据最终价值的时代电流。

大数据技术从处理环节角度，可以分为挖掘采集技术、存储管理技术、处理分析技术、计算预测技术和可视化展现与交互技术等类型。在交通、物流和旅游领域，大数据的各类技术都具有变革性的价值。如大数据挖掘采集技术可以用于物流业务流程，提升物流产品、包装、分单等信息的数据化水平；大数据挖掘采集技术还可以用于旅游 UGC 数据的分析，以便商家更好地了解市场需求；大数据预测技术可以用于拥堵的预警，提升交通管理效率。

大数据构建虚拟世界，改变现实的时空

在交通、物流和旅游领域，大量数据为视频、图片等非结构化数据，而且数据是实时产生、实时变化的。在传统的小数据模式中，由于数据来源于样本而非总体，来自于静态的截面而非动态的全过程，人们更加注重数据与分析的准确性，关注因果关系；而大数据覆盖总体范围，产生于运行的全过程，更关注事物之间的相关关系，能够更快速地分析处理问题。

因此，相比传统手段，大数据技术能够更好地挖掘、处理与分析分散化的海量交通、物流和旅游数据，构建更为全面、更精准反映现实运行情况的

数字化虚拟世界。大数据让我们对世界有了更全面、更及时的了解，提高了信息的传播速度，扩大了信息的传播范围，增强了我们统筹全局的能力，从而为物品与信息在时空中的流通提供了更多可能，能够在交通、物流与旅游领域实现更多变革。

3.5　数据监管：立法规范进行时

假作真时真亦假，数据要在真假之辨中回归本意

海量的数据并不意味着准确的数据。虚假的数据将导致扭曲的大数据现实画像，从而影响决策的准确性和最终结果的有效性，甚至可能对社会造成更多伤害。

现实世界中大量存在着刻意伪造和凭空捏造的数据。在一些以 UGC 为主的网站上，存在着数量众多的虚假评论，而且这些评论往往混杂在用户的真实评论之中，令人难以分辨，对用户产生误导。由于社交网络信息传播广泛、快速，这些虚假评论可能会导致更大的负面影响。例如，成功运用旅游 UGC 进行商业化的马蜂窝，也被发现存在点评抄袭、设置僵尸用户刷评论等数据造假行为。

大数据本应让人们更好地了解现实世界，但是虚假数据则会让大数据偏离求真的轨道。因此在大数据的分析运用中，要格外关注数据的真实性，降低虚假、错误数据所导致的危害。

精准不等于善治，数据要有为人民服务的温度

大数据如同其他技术一样，它的价值并不在于技术本身，而在于技术的具体应用。大数据让我们能够更精准地了解现实，预测未来，但是一个能够

被更精准洞察的世界，并不一定是一个更加美好和谐的世界。

在大数据时代，我们的私人信息将更加无处隐匿，信息安全将遭遇更多风险。除了隐私泄露，基于大数据对个人状态和行为进行分析也可能带来威胁。例如通过交通卡数据对用户的日常行踪和地理位置进行预测这一行为一旦被滥用，将会给用户带来各种不利甚至风险。

在现实的商业场景中，存在着大数据滥用侵犯消费者权益的问题。采集数据时用户的知情权和同意权、数据被采集后的利用规范、用户要求删除个人信息的被遗忘权等权利都有受到侵害的风险。一些在线旅游平台、网约车公司存在着"大数据杀熟"的现象，如对老用户收取比新用户更高的价格、同一商品依据用户特点的不同显示不同价格等。原因在于这些互联网企业具有更多的技术和数据优势，在信息掌控上与消费者之间存在着不平等关系。

为了应对诸如此类的问题，国家层面关于大数据的收集、存储、管理与应用等方面的法律法规和公共监管政策正在逐步完善中。这些法律规范，在大数据时代对于保障信息安全、推动大数据更好地为人类福祉服务具有重要意义。2016 年发布的《中华人民共和国网络安全法》对网络信息安全的保护和规制进行了规范，如第四十条规定"网络运营者应当对其收集的用户信息严格保密，并建立健全用户信息保护制度"，在个人数据的收集方面，第四十一条规定"网络运营者收集、使用个人信息，应当遵循合法、正当、必要的原则，公开收集、使用规则，明示收集、使用信息的目的、方式和范围，并经被收集者同意"，第四十三条的规定则阐释了具有中国特色的公民"被遗忘权"，即"个人发现网络运营者违反法律、行政法规的规定或者双方的约定收集、使用其个人信息的，有权要求网络运营者删除其个人信息；发现网络运营者收集、存储的其个人信息有错误的，有权要求网络运营者予以更正"。在 2019 年 3 月全国两会期间，全国政协委员朱山提交了《关于加快大数据立法进程的建议》，指出要以公共福利、合理使用、信息安全、过错推定为基本原则，确保相关立法能够保护各方权益。在地方层面，贵州省和贵阳市率先分别推出了《贵州省大数据发展应用促进条例》《贵阳市大数据安全管理条例》等大数据发展应用和监管的地方性法规；相信在不久的将来，我国有关大数据治理的法律规范体系将更加健全，确保大数据能在为公众提供优质服务的同时，保护好公众的个人信息。

大数据可以实现精准治理，但这并不意味着更好的治理就必然会实现。我们需要对大数据的采集、分析和使用进行更为明确的规范和监管，赋予冰冷数据人文的温度，让大数据真正为人民的美好生活而服务。

第四章

教育升"温"：
用数据精准滴灌

大数据在保障和改善民生方面大有作为，要坚持以人民为中心的发展思想，推进"互联网＋教育""互联网＋医疗""互联网＋文化"……

——习近平总书记在中共中央政治局第二次集体学习时的讲话[13]

百年大计，教育为本。教育大数据从"沉睡"到"苏醒"，逐渐产生了"热量"，使教育变得更有"温度"和"精度"。

近年来，浙江省衢州市鼓励各学校结合自身实际情况推动教育大数据应用。过去，英语老师批改作文一直存在耗时长、效率低的问题。衢州一中采用了一项基于大数据的人工智能技术对这项工作进行优化。这项技术不仅能精准识别同学们作文中存在的各类错误，还能够给出相应的修改建议，学生修改完作文后还能够多次提交批改，直到把所有的问题解决，这样便将教师从繁重的作业批改任务中解放了出来，教师因此能够投入更多的精力为学生提供个性化的辅导。柯城区书院中学将大数据技术用于试卷批阅中，学生的"闪光点"和"薄弱点"可以用"雷达图"和"门牙图"直观地体现出来，学生学得更精准，教师讲得也更精准。正如时任衢州市教育局局长所言："以大数据为核心的新技术，已经成为帮助我们实现'变道超车'的新手段，成为衢州教育发展的新动力。"[47]

衢州故事仅仅是我国教育大数据事业发展的一个缩影，大数据技术的不断发展正在从各个方面改变着我国的教育事业。

4.1 教学科研：被大数据换上新颜

教育大数据有两大重要来源：一是在教学活动过程中直接产生的数据，比如学生的学习行为数据；二是在科学研究活动中采集到的数据，比如研究数据[48]。近年来，复旦大学数字与移动治理实验室通过语音速记系统实现了课堂内容的实时记录，将课堂上师生的发言以文本的形式存储了下来，既便于学生复习，又为今后的教学研究积累了数据。

过去，绝大部分的教学科研数据并没有被充分利用起来，还只是一座有待深度开发的"金矿"。然而，下面的故事一定会给你一种"熟悉又陌生"的感觉。

在线教育，大数据助力因材施教

2013年，一部名为《私人订制》的电影票房火爆。"私人订制"的内在驱动力在于个体之间的差异，而不同的个体对于服务有个性化的需求。过去，受制于技术条件和服务手段，满足不同个体的共性需求已属不易，无法再为每个个体的个性化需求提供服务。然而，在大数据时代，每一个个体的需求已不再是一个黑箱，大数据使"私人订制"成为可能。

"私人订制"的教育也已经不是一种愿望，而是正在发生的现实。对不同个体的学习行为大数据进行有效的挖掘、分析、理解和应用，能够发现每个个体的独特需求，从而实现教育服务的"精准供给"，真正做到以人为本的"因材施教"。

2013年10月，清华大学发起建立了中国首个MOOC学习平台"学堂在线"。目前，"学堂在线"上线了来自清华大学、北京大学、复旦大学以及麻省理工学院、斯坦福大学等国内外一流大学，覆盖13个学科门类的1900余门优质课程[49]。通过对教学大数据专业、实时的分析，"学堂在线"可以获取当前网络用户的学习活跃度和学习进度，分析研究影响学习进度的因素。通过对所有MOOC课程开课、选课次数的大数据分析，平台可以掌握课程热度和健康度，为学生提供更好的个性化学习体验。此外，平台还能通过对助教辅导行为的大数据分析来指导助教工作。[50]图4.1所示为"学堂在线"首页截图。

通过以上这些大数据应用，"学堂在线"为学习者自身的学习行为和教育管理者教学方案的调整都提供了依据[50]，学习不再是"大水漫灌"，而是成为越来越有针对性的"精准滴灌"。世界因差异而美丽，而大数据让每个学习者都有了更多的获得感。

图 4.1 "学堂在线"首页截图

然而，在线教育的蓬勃发展同样伴随着一些问题。例如，有的培训平台存在低俗有害信息及与学习无关的游戏等内容，这使得对在线教育的合法合理规范变得十分必要。大数据技术在规范在线教育方面同样大有可为。2019年 7 月 15 日，教育部等六部门联合印发的《关于规范校外线上培训的实施意见》提出要探索"互联网＋监管"机制，改进监管技术手段。大数据技术的应用将发挥传统监管方式所不具备的优势，促进在线教育行业的有序发展，从而更好地助力在线教育发挥其在因材施教方面的优势[51]。

自适应学习，人与系统的相互学习

"自适应学习"是指人与系统相互学习的非线性过程[52]。传统教育模式无法兼顾不同学生在学习能力、知识掌握程度和对教学风格的偏好等方面的个性化需求，只能采用"题海战术"来弥补知识漏洞。但 80% 的"题海战术"属于无用劳动，这对学生的学习效率和效果造成了严重影响。自适应学习则打破了这种局面，它能够基于对学生学习情况的精准诊断，为其提供个性化的学习方案。上海的义学教育基于自适应学习理念，利用人工智能和大数据技术，研发了国内第一个拥有完整自主知识产权、以高级算法为核心的人工智能自适应学习引擎"松鼠 AI"（见图 4.2）。松鼠 AI 可以通过对知识点的深度拆分，清晰精准地发现学生的知识漏洞和薄弱之处；同时还可以通过对学生的知识状态和能力水平进行持续性的实时多维数据评测，建立学生画像，有针对性地提供个性化学习解决方案，并且随着学生能力水平的变化动态调整，提升学习效率。例如，对于一个处于中考冲刺阶段的学生，松鼠 AI 会在大数据分析的基础上为其推荐个性化的复习方案，使其避免陷入"普遍撒网"的复习模式，帮助其在有限的时间内取得更理想的成绩。为了实现自适应学习，学生在智能评测、智能学习和智能课堂这些不同阶段留下的数据都被作为重要资源利用起来，系统对用户数据的处理变得更加智能，实现了人与系统的相互学习。[53]

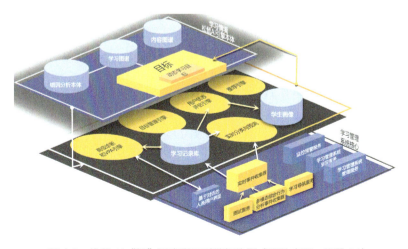

图 4.2 松鼠 AI "智"适应学习引擎架构图（图片来源：松鼠 AI）

作为北京的一家学习技术与大数据公司，"论答（Learnta）"也对自适应学习进行了有益的探索。"论答"利用人工智能学习引擎从百亿级知识状态中迅速精准地诊断出学生的知识薄弱点，利用算法对每位学生的知识状态进行实时监测，并将这些实际监测数据与系统中的海量学习数据进行比对，为不同的学生进行智能推荐，优化学习路径，从而循序渐进地帮助学生实现学习提分的目标[54]。

需要强调的是，自适应学习虽然在知识学习方面已远远超过老师，然而老师在知识讲解方面仍发挥着重要作用，老师与学生之间的情感交流也不是技术能替代的[54]。不过，教师可以利用自适应学习系统生成的分析结果来安排自己的教学计划，实现人机结合。

科学研究，超越"小数据"

受制于各种条件，过去的科研活动往往是基于抽样获取的小数据进行的。现在，大数据技术的发展则可以帮助我们逐渐突破这一限制，使我们能够获取和分析更大数量和更多类型的数据来开展科学研究。

孩子越来越大，辅导功课越来越力不从心，这是很多家长的真实体验。"作业帮"是一家国内领先的教育科技公司，力求帮助家长和中小学生有效地解决课业上遇到的问题[55]，其庞大的用户规模为其积累了海量的用户行为数据。

北京师范大学新闻传播学院联合"作业帮"于 2019 年 5 月发布了《全国中小学生在线学情分析报告——减负增效专题》。该报告是在分析了 1 万余份有效的问卷调查数据和 120 万条"作业帮"用户实际使用行为数据的基础上形成的，而这样规模的研究数据在以前是很难获取和分析的。正如

《教育传媒研究》杂志主编张志君所言，"这份报告在数据的获取、取舍上非常难"。[56]

为了支撑科研，华南理工大学在原有基础上搭建起大数据分析平台和大规模数据处理 Hadoop 系统平台。同时，华南理工大学附属医院、二级部门以及大数据交换中心的业务数据经过脱敏并取得数据主管部门授权后，可以用于科学研究。此外，华南理工大学还通过开展校企合作的方式拓展数据来源，这样一来，越来越多的企业数据可以在获得授权的情况下被用于科学研究，这样便打通了科研与实践的边界[57]。

4.2　教育管理：因大数据而行稳致远

教育管理过程中也会产生大量数据，主要有两类：一是在学校管理活动中采集到的数据，比如学生数据、教职工数据和学校设备资产数据等；二是在校园生活中产生的数据，比如餐饮、网络和洗浴等记录数据[48]。

上海真爱梦想公益基金会是一家致力于推动中国义务教育阶段素质教育发展的公益组织。基金会的大区经理通过对教师人数变化、排课进度、授课回顾图文的数量和质量、教师成长晋升经历、参与培训次数、参与梦想沙龙次数等多维度数据的分析来了解所在片区学校的情况，然后结合电话沟通和线下走访，实现更精准的运营。然而，这仅仅是数据服务于教育管理的冰山一角。

细水长流，把钱花在刀刃上

我们常用"把钱花在刀刃上"来督促人们提高资源的利用效率，而对于教育资源的利用则更需要贯彻这一原则。

东华大学将大数据技术应用于实验室管理系统中，有效解决了实验室管理效率低下的问题。实验室的使用情况数据，包括仪器的电流电压都实现了数据化。通过对这些实验室运行数据的分析，管理者可以识别哪些实验室设备根本不必购买，哪些实验室不再需要拨钱，并将实验室的使用率和第二年的经费预算挂钩，实现教育经费使用的集约高效[50]。

这一实验室管理系统源自东华大学材料学院吴文华老师近 20 年的不懈探索，而迫使吴老师下定决心建立这套实验室管理系统的原因是实验室面积扩大、实验室设备增加、实验室管理人员数量减少和学生数量增加等问题。经过反复打磨，材料学院于 2008 年 11 月建成了智能实验室管理系统。系统的建成给实验室的"老人"刘桂清带来了比较深的感触："这不仅提升了实验室管理效率，降低了人力成本，还给我们带来了工作成就感[58]。"

东华大学学校管理层认为，通过该系统，学校不仅能够即时了解各类数据、提高管理效率，还能够将任何实验者的实验过程及所得出的实验结果通过摄像头和计算机保存下来，相关人员可以随时调出数据予以核对，有助于从根本上杜绝数据造假，可在一定程度上预防学术腐败的发生[58]。

防患于未然，寻找校园里最孤独的人

教育大数据的合理利用还能够有效避免"拍脑袋"的教育决策模式[48]，使相关决策和管理更具预测性和洞见力，更切合实情，更能体现对个体的关怀。

电子科技大学的周涛教授曾做过一个叫作"寻找校园中最孤独的人"的课题。该课题从约 3 万名在校生中采集到了 2 亿多条行为数据，这些数据包括学生选课、图书馆刷卡、寝室门禁、食堂消费以及学校超市购物等数据，都是学生刷一卡通产生的。通过对不同卡在不同地点的刷卡数据进行分析，课题组最终发现了电子科技大学 800 多个"最孤单的人"。[59] 这些学生之所以被识别为"最孤单的人"，是因为数据分析结果显示他们在校平均两年半时间内大部分时候都是独来独往的，由此推断这些同学可能患有心理疾病，需要学校和家长予以特别关注。在这之后，学校在保护个人隐私的前提下，对这些同学进行了必要的关心和帮助。

在一次讲座中，周涛解释了大数据思维的三个精髓：第一是数据的外部性，即通过看似没有关系的数据去透视问题，利用一卡通消费数据来预测学习成绩和观察学生作息是否异常就是一个典型的例子；第二是数据的群集性，仅仅分析一张卡的消费数据并不能起到多大作用，需要将这张卡的数据与其他卡的数据联合起来分析才有可能发现问题；第三个是需要数据科学家去分析这些业已存在的数据[59]。

大数据不仅能在校园内助力教育，也能在校外发挥作用。留守儿童是一个需要特殊关怀的群体。作为一个劳务输出大省，江西省在 2017 年对全省小学毕业的留守儿童进行了一次跟踪分析，统计显示有 107.9 万名农村留守儿童。通过对省内甚至全国范围内的数据进行对比，工作人员成功地识别出疑似辍学的留守儿童。在数据分析的基础上，江西省又以上饶市作为试点，通过上门走访、逐一核查，最终识别出了真正辍学的留守儿童，然后通过劝返和帮扶等一系列措施帮助一部分留守儿童重返校园。[60]

润物细无声，让补助有尊严

2016 年 3 月 21 日，南京理工大学 301 名学生的饭卡余额"悄无声息"地多了 10 多元到 300 多元不等，这是怎么回事呢？原来这是南京理工大学启动的一项名为"暖心饭卡"的活动，为的是帮助那些家境贫困的大学生解决最基本的吃饭问题。[61]

通过分析全校所有在校本科生 2015 年 9 月中旬到 11 月中旬之间的饭卡刷卡记录数据，学校将那些每月在学校食堂吃饭超过 60 顿但消费额却不超过 420 元的学生定为资助对象。为了保证数据分析结果的准确性，学校相关部门还将"准资助对象"名单交由学生所在院系的辅导员进行确认。在确定名单之后，学校就悄悄地将补助金打入学生的饭卡，使这些学生不必再像以前那样需要先填申请表格并"被公示"后才能得到补助。基于数据分析，每位学生收到的补助金额也各不相同，学校按照"一日三顿、每顿 7 元、30 天共计 630 元"的标准，给每位受资助学生发放"个性化"补助，也就是学生的实际就餐支出与学校制定的补助标准之间的差额。

高校师生的食堂就餐活动每天都在生成大量数据，但却很少被人注意并得到充分利用，而南京理工大学却将这些"沉睡"的数据用来给贫寒的学生提供"有尊严"的补助，并使补助金额更为精准。近年来，中国科学技术大学、复旦大学和本书 1.4 节提及的华东师范大学等许多高校也都采用过类似方式来帮助贫困学生。

4.3 教育与大数据：缘何走到一起

传统的教育模式是工业化时代的产物，教育内容与方式更像是标准化的"流水线"[62]。而在大数据时代，学习者需要的是更为个性化、更有针对性的学习方式。而教育工作还涉及教学、科研、管理等不同层面的多种用户，这些用户在不同环节都会有不同的需求。大数据技术在教育领域的应用正是被这些"用户需求"不断驱动前进的。

　　需求的变化也得到了政策的响应。2016 年 6 月 7 日，教育部印发的《教育信息化"十三五"规划》明确指出云计算、大数据、物联网、移动计算等新技术的广泛应用对教育的革命性影响日趋明显，鼓励社会积极利用云计算、大数据等新技术实现教育创新。

"米""锅"与"巧妇"，三者缺一不可

　　如果说大数据是教育创新所需要的"米"，那么这些"米"的来源就是教育信息化。近年来，我国教育信息化发展迅速，全国中小学互联网接入率、多媒体教室比例、每 100 名中小学生拥有的计算机台数以及师生网络学习空间开通数量等方面都有了较大提升 [63]。基础教育、职业教育、高等教育和继续教育等领域利用信息技术解决教育改革发展问题的应用典型不断涌现 [64]，而教育信息化的发展是教育数据生成、采集和分析的基础，如果没有教育信息化的发展，大数据在教育领域的运用将无从谈起。

　　有了"米"，数据的采集、存储和分析技术就是做饭的"锅"。近年来，大数据技术的不断进步对大数据在教育领域的应用起到了关键的促进作用。但是，锅已到位，有些"米"早就存在了，为什么没有被做成饭呢？因为还缺少"巧妇"，也就是各类大数据应用人才。

　　大数据技术固然重要，但更为关键的是挖掘出需要解决的问题，将技术手段与问题导向结合起来，将数据和应用场景连接起来，这就需要有多种学科背景的专业人士来合作完成。正如一位公共管理领域的学者所言："我们即便没有纯技术人员那么懂技术，但是只要我们多少懂一点，在遇到问题时，最起码就知道该找谁来替我们解决。"

　　有了"米""锅"和"巧妇"，才能做出好"饭"，三者缺一不可。

4.4 路在何方：人的全面发展与数据的底线

大数据技术不断向前发展，大数据与教育更好的结合没有终点。然而，无论未来如何发展，大数据都只是技术手段，教育领域应用大数据的最终目标是实现人的全面发展，维护人的基本尊严。

技术还需"更上一层楼"

大数据技术在教育领域的深入应用离不开技术的不断进步。大数据技术在教育领域的应用主要面临三方面的技术挑战：第一，海量教育数据带给数据存储技术、数据处理技术和数据分析技术的挑战，这里技术也包括计算机硬件的数据处理能力、超级计算机算法技术等；第二，数据采集技术和问题分析技术的挑战，这是教育大数据应用的核心环节；第三，数据兼容性的挑战，主要是指不同数据存储系统中不统一的数据编码和数据格式，这会造成不同系统间的数据共享困难[48]。

整体来看，我国教育大数据应用仍比较零散，应用推广模式成熟度有待提升[48]。未来，大数据要在教育领域的各个阶段和各个方面发挥作用，还需要在相关技术方面"更上一层楼"。

提升每一个人的"数据素养"

教育领域是一个庞大的生态系统，涉及各种各样的利益相关方，包括政府、学校、相关企业、社会组织、学生和教师等，但最终都落实到一个个活生生的人，而这每一个人的数据素养决定着整个教育领域乃至整个社会对于大数据的接纳和应用能力。

提升数据素养不能唯技术论，而应注重技术素养与人文素养的结合，不能仅限于学习一些技术工具，更要培养综合运用大数据解决问题、创造价值的观念、素质和能力。近年来，越来越多的中小学教师、中小学校长和职业院校教师等各类教育工作者接受相关培训[63]，越来越多的大学也开始设置大数据相关的专业方向。

守住底线，平衡收益与风险

在大数据时代，似乎一切都可以被数据化。然而，大数据的发展也存在两面性，它虽然能给人带来便利，但是也可能产生风险。例如，大数据分析能够帮助我们更好地了解学习者的学习需求，进而为他们提供个性化的服务，但这并不意味着我们可以不受限制地对个体行为数据进行挖掘分析，对涉及学习者隐私的数据，其采集、利用和共享都应受到严格规范和限制。

各级政府部门和企业在推动教育领域大数据技术应用的同时，对于可能出现的风险和触及底线的问题也应严加防范。同时，国家还应不断加强立法工作，使教育领域的大数据应用有法可依、有章可循。

对于有益的教育大数据创新要积极鼓励，对于可能的风险也要严格监管。这需要我们不偏执于任何一端，在增加收益与控制风险之间找到平衡，守住底线，既要心中"有数"，又要以人为本。

第五章

颠覆医疗：
大数据助力健康中国

要全面建立健康影响评价评估制度，系统评估各项经济社会发展规划和政策、重大工程项目对健康的影响。要完善人口健康信息服务体系建设，推进健康医疗大数据应用。

——习近平总书记在全国卫生与健康大会上的讲话[65]

当下，世界上大多数行业正在被大数据影响和改变着，这其中当然也包括医疗行业。截至本书交稿时（2019 年 7 月），大数据在医疗上的应用已经涵盖电子医疗记录收集、可穿戴设备实时健康状况预警、基因测序实施精准医疗和按需调配医疗资源等方面。每一位病人都有自己的电子记录，包括个人病史、家族病史、过敏症，以及所有医疗检测结果，每个人背后都有庞大的历史数据。我们能不能通过对医疗数据的分析，预测疾病的爆发、避免感染或降低社会医疗成本？能不能通过大数据让每个人享受到更加便利的健康服务，降低身体健康受损的风险，减少个人的医疗支出？

在实施健康中国战略的进程中，传统的医疗理念已经逐渐无法满足现代居民对健康管理的需求。全球信息化的今天，"互联网＋"、大数据应用已经成为中国实现创新式发展的前沿动能，新兴的电子信息技术与医疗健康行业融合发展，医疗大数据呈现爆炸式增长，一个全新的医疗信息时代已经呈现在我们眼前。

健康医疗大数据已成为我国数字经济的强大引擎，它作为攻克医疗难题的推动力量，与健康管理、智慧医学、精准医疗、远程医疗和现代医院管理等领域深度契合，营造了一个"生有所养，病有所倚，老有所依"的全生命周期健康医疗新模式[66]。

5.1 "智慧养老"：让关怀永不缺席

独居老人，无处安放的爱

2018 年 8 月 18 日，芜湖市镜湖区鹰都花苑小区内，一对老夫妻倒在家中，被发现时已离世多日。据住在同一小区的邻居描述，二老是一对退休教师，患有阿尔茨海默病的老爷子 70 多岁了，他的老伴退休前是一名小学老师，也患有多重疾病。两位老人平常和蔼可亲，没有想到说走就走了，多日后才被邻居发现，实在可怜[67]。

据新闻报道，老太太突发疾病猝死在家，老爷子因患有阿尔茨海默病，生活无法自理又无人照顾，没多久也随老太太而去。

类似这样的悲剧不断在我们身边上演。

在当今中国，像这样的独居或"空巢"老人问题已不容忽视。随着老龄化程度不断加深，截至 2018 年年底，我国 60 周岁及以上人口约为 2.5 亿人，占人口总数的 17.9%，该数据较 2017 年增长了 859 万人，其中 65 周岁及以上人口约 1.6 亿人，占人口总数的 11.9%，相比 2017 年增长了 827 万人[68]。到 2020 年我国将正式进入到老龄化严重阶段。

目前，老龄化趋势仍在加剧。如图 5.1 所示，根据有关部门的估算，到 2050 年我国 60 岁以上人口将达到 4.38 亿人之多，约占总人口的三分

图 5.1　2010 年统计的中国未来 40 年人口老龄化趋势（数据来源：中国社会科学院）

之一，无子女老人的数量将达到 7900 万人，而独自生活和留守在家的老年人数量将占 54% 以上[69]。这些老人不仅要承受情感上的孤寂，还要时刻警惕因突发疾病、事故且无人看护而在家离世的危险，那么如何才能让他们老有所依，让他们的晚年生活也有属于自己的风景，对他们的爱有处安放呢？

智能看护，老人的"定盘星"

高速发展的现代社会中，老年人的身体功能逐渐衰退，心理健康问题也日益显现，他们往往容易产生失落感、孤独感和消沉感。看护好老年人，让他们老有所养、老有所依、安度晚年，已成为全社会共同关注的问题。这需要政府和企业、官方和民间携手，从群体、政策、技术、医疗和心理等多方面协同努力。而要达到信息化、精细化和高效的看护水平，在当今网络多元化、多样化的发展中，"智能"系统的易操作性、便利性、实用性和快捷性日益受到各方青睐。许多省市已经在尝试将"智能看护"系统投入社区使用，江苏扬州的个园社区就是其中之一。

位于扬州老城区的个园社区大部分居民是老人，人口结构呈倒三角形。平日里，独居老人在家摔倒、猝死的事件也时有发生。为提高独居老人的晚年生活水平，个园社区从自身情况出发，制定了颐养社区建设项目，其中，为社区中的独居老人安装智能看护系统是非常关键的一项。

社区管理员会根据老人的具体情况安装相关的看护系统，老人年纪越大，安装的系统也就越齐全，主要包括：床垫传感器、马桶传感器、煤气泄漏报警器和室内红外线传感器等。这些高科技传感器每天会按时收集老人的相关信息数据，并发送至安装了终端程序的社区计算机里。这样一来，工作人员可以便捷地了解老人的生活情况，并及时监测到他们生活中的风险。

智能系统的另一大好处是不会影响老年人的正常起居，同时子女只要打开手机，就能随时随地监控到父母在家的生活情况。"我如果在上厕所时摔倒，系统会发出警报，煤气等没关也能自动报警，我一个人在家里也很安全！"第一位享受社区"智能看护"系统的毛大爷如此说道。

▶ 延伸阅读

日本用水表监测独居老人安全

当前日本正处在人口超老龄化的危机中。有数据显示日本独居老人有600万人，每年有4万人独自离世。为了能够更好地应对这样的状况和完善社会保障，日本政府利用本国高度发达的科技，让居民用水量这一变量成为关注独居老人生活状态的关键性因素。

一些能源供应商试着通过他们的家用能源管理系统发挥更积极的健康管理作用。这些系统能够实现一些监测功能，如监测水龙头几天没被使用了，灯一直没有打开，燃气一直在使用（燃气没关）等。如果这些信号被监测到了，那么这些系统就会提醒这家人的亲人[70]。

日本家庭通常将水表安装在住所之外，因此，如果民政部门和自来水公司需要改造老人的水表，也不会对他们的生活造成困扰。得益于这样的基础设施建设方式，工作人员通过监测用户用水量来关注独居老人生活状态的想法得以付诸行动。相关部门的人员会安装一个可以记录老人实时用水量的电子指示器，所获得的数据可间接反映老人的生活规律。假如用水情况反常，即预示着老人可能存在危险，此时工作人员便会立刻前往查看。

此外，电子指示器还可以作为老人与子女间的"安全纽带"。远方的子女通过和自来水公司保持联系，可从电子邮箱等应用中获取老人的用水量数据。这些数据可以帮助子女推测出老人做饭、洗澡所需的时间，当子女发现相应时间段内的用水量数值发生异常变化，他们可与当地政府联系，请工作人员到家中查看情况。

一段时间后，得到的成果令人振奋，上述日本独居老人独自离世的情形大大减少，坊间甚至有人称"自来水成为亲情的纽带"。

类似日本用水表、电表监测老人安全的技术，在我国也进行了一定的传播和推广，但就我国以往情况而言，数据源和数据量都是相对欠缺的。2015年国务院下发的《关于积极推进"互联网＋"行动的指导意见》指出要"促进智慧健康养老产业发展"。根据这一指导意见，国家相关部门于 2017 年先后发布了《智慧健康养老产业发展行动计划（2017—2020 年）》和《开展智慧健康养老应用试点示范的通知》，这些政策文件的颁布，宣告我国的养老产业正式进入了"智能＋"时代[71]。

养老问题不仅体现在独居老人的安全问题上，也体现在相关养老医疗服务机构不完善所导致的后果上，越来越多的老年人陷入"苏大强"①式的焦虑。

"我一个老朋友之前在上厕所时突发脑出血不幸离去，那会儿他家中没有其他人在，结果第二天有人发现他时已经出事了。"听说个园社区将为老人安装智能看护系统后，杨奶奶立刻喊了女儿回家一起去毛大爷住处参观，她表示很想装一套，"不会害怕摔倒爬不起来、喊不出声了。"

---

① 2019 年 3 月首播的电视剧《都挺好》中一位老年丧妻的老人，面临老年生活安置问题——编者注。

"妈妈现在年纪大了，虽然目前身体也还硬朗，但是让她独居在家，我们怎么都放心不下，想让她跟我们一块儿住，她又表示不习惯。"杨奶奶的女儿用计算机体验着这套智能看护系统，当看到通过传感器传输来的数据，可以实时了解老人在家的生活状态时，她表示这个系统很实用，"就算是自己掏钱我也想在妈妈家中装上一套，不然我成天都提心吊胆，上班时也放不下心，要能通过这套系统及时查看到妈妈的生活情况，我也就不紧张了。"

社区装上"智能看护系统"后，或许能够有效解决养老问题中制度化养老与家庭养老的矛盾，让两代人各得其所，老年人便可以过上"都挺好"的晚年生活。当社区养老服务趋向完善，解放子女的同时老年人也可以得到持续、可靠、专业的看护，两代人在生活观念、生活节奏上存在的种种差异和矛盾也得到了缓冲和部分解决，这或许才是两代人"都挺好"的选择。

此外，当下养老另一大问题是老人随着年龄的增长而心智下降，例如生活在社区中的老人存在突然走失，甚至发病而来不及抢救的风险。当我们在为预防事故而提心吊胆的时候，一种依托养老机构对社区老人开展服务的全新模式为这一养老问题的解决带来了新的曙光。如图 5.2 所示，老年人通过穿戴传感设备，可以让各类传感器发挥其智能感知、生物识别的物联功能，再与计算机、网络进行连接，通过对物联网等新技术手段的融合使用，有效地解决养老看护的问题。

倾听百姓声音，回应民众关切。要减少类似于"苏大强"走丢这类事件的发生，离不开大数据这个"助推器"，它可以在年老的父母与子女之间建立一个安全可行、可信、可用的有效"信息纽带"，实现"老人情有所寄，儿女爱有所托"。

图 5.2　老人佩戴可穿戴设备（许康平 / 人民图片）

习近平总书记对此非常关注和支持，他在 2017 年 12 月中共中央政治局第二次集体学习时指出，要运用大数据促进保障和改善民生。大数据在保障和改善民生方面大有作为。要坚持以人民为中心的发展思想，推进"互联网＋教育""互联网＋医疗""互联网＋文化"等，让百姓少跑腿、数据多跑路，不断提升公共服务均等化、普惠化、便捷化水平。要坚持问题导向，抓住民生领域的突出矛盾和问题，强化民生服务，弥补民生短板，推进教育、就业、社保、医药卫生、住房、交通等领域大数据普及应用，深度开发各类便民应用。

换言之，在医疗健康卫生领域开发并应用大数据，符合人民群众期望、符合党和国家要求，是社会发展大势所趋。若要满足人民对健康美好生活的向往，就"不要在遥远的距离中割断了真情，不要在日常的忙碌中遗忘了真情，不要在日夜的拼搏中忽略了真情"[72]。那么有没有一个可以自行动态跟踪、全程监控并收集反馈老年人或其他病人日常活动情况、身心健康情况和就诊情况等，并精密计算的安全系统或者智能应用呢？

随着人口老龄化加快，各种智慧养老解决方案正在逐步形成，并走向每一个老年家庭。移动终端实时收集老人的各项生理数据，自动传入云端后进行分析及处理，主治医生接收到相关数据后，可以据此做出诊断或给出康复建议。此外，许多智能终端系统还可以对老人进行日常健康监督，在具体数据分析后可以给出运动及饮食指导。这项功能对于一些高危人群如高血压、糖尿病病人尤其实用，全天候的日常管理有助于为老人定制个性化的健康管理流程。

每个人都将在走过漫漫旅途、看过山花灼灼后来到终点，而医疗大数据所能做的不仅是在终点等你，它还将在人生漫漫旅途中为你保驾护航。

5.2 "数"有所为：生命的"精算符"

敬畏生命，"一个人"的篮球队

2018 年 1 月 27 日中国女子篮球协会全明星赛上，有这么一支特殊的球队：5 名队员有男有女，年龄相差甚远，甚至有的人从来都没有接触过篮球。这 5 名身着红色队服的业余选手正与职业女篮积极拼抢，虽没有过人的球技和明星的光环，可一上场就赢得了大家的关注。

在他们的身上有一个共同点，那就是他们都是器官捐献受益者，供体也都是来自湖南长沙的 16 岁少年叶沙（化名）。

2017 年 4 月 27 日，同学们眼中的"数学王""化学王""物理王"叶沙因突发脑出血去世，还没等他的父母从丧子之痛中缓过来，湖南器官捐献管理中心的工作人员便找到他们。

器官捐献是一场同死神的赛跑，完成"生命接力"的时间十分有限。肾脏是 24 小时，肺脏是 8 小时，心脏是 6 小时……

在征得叶沙父母的许可后，协调员将身高、体重、血型以及生化指标等资料上传至中国器官分配与共享系统，根据系统的原则自动匹配，最终叶沙的器官救助了 7 名患者。

叶沙生前特别喜欢篮球，其中 5 名受捐者走上了赛场，帮助叶沙实现他生前还没来得及完成的篮球梦。这 5 位队员的球衣上都是叶沙的名字，并且画上了自己所"接受"的器官。球衣上号码分别是 20 号、1 号、7 号、4 号和 27 号，将这些数字串连起来是 2017 年 4 月 27 日，这既是少年叶沙离世的日子，也是这 5 位队员重获新生的日子（见图 5.3）。

图 5.3　一个人的篮球队海报（图片来源：中国器官捐献管理中心）

从女子篮球协会全明星赛场下来后，队员们收到了一封信，寄信人正是叶沙的父亲。

信中写道："……叶沙的离去对我而言，所有的一切都不重要了，今天不重要，明天也不重要，生活不重要，生命也不重要。你们的出现让我有了继续活下去的理由……叶沙在我身边生活了 16 年，而今，我将这 16 年的感情揉成了若干份，分派到你们每一位的身边，愿你们带着叶沙的眼去感受灿烂阳光，带着叶沙的心去感受多彩的世界……"

这支"一个人的篮球队"让世人体悟到人性的张力，也许死亡最好的、也最浪漫的结局，就是生命以另一种大爱的方式延续。

在没有开发中国器官分配与共享系统（COTRS）之前，捐献系统、受体分流系统并不直接相连通，存在信息壁垒，导致了供体浪费。另外，早年人体器官移植技术的不成熟、免疫抑制剂应用效果不理想等，也会导致移植手术失败，造成供体浪费。

为解决等待器官移植的患者排长队、望穿眼，"供需"缺口大，以及不同的信息系统数据不连通等其他主客观问题，2013 年 9 月，在经过两年多试运行后，香港大学医学院于 2011 年 4 月开发的 COTRS 系统终于正式上线，目前该系统覆盖有器官移植资质的医院达 200 余家（见图5.4）。它通过大数据技术进行器官供体及受体的匹配，大大提升了器官移植分配的效率。系统会为每一名等待移植的患者生成一个分数，当出现供体的器官捐献后，患者这个分数的排序将成为器官分配先后顺序的最重要依据。

据当时负责协调叶沙器官捐献的湖南省人体器官捐献管理中心主任何一平介绍："叶沙的数据上传至 COTRS 系统后，通过系统的数据匹配，接到的反馈是湖南省一名小朋友正在等待心肺移植。但当胸肺科的护士长来接器官时，匹配上的最终受捐者却是 49 岁的刘福。"

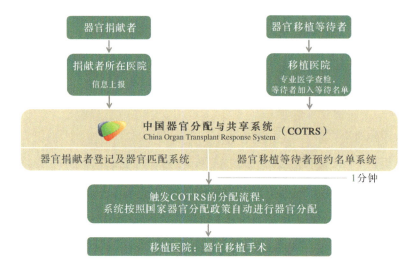

图 5.4 器官捐献、移植工作简易流程图（图片来源：COTRS 系统）

原来叶沙虽然只有 16 岁，但身高一米八，身体健壮、结实，而配型成功的湖南的小朋友胸腔比较小，如果移植叶沙的心脏可能会碰上小朋友的胸壁，最终两人数据匹配失败。得到失败反馈后，系统根据患者医疗状况的紧急程度和器官匹配程度等要求返回筛选阶段，无任何人为干预，系统迅速自动执行筛选及运算后，这次才匹配上患有硅肺病三期的刘福。

自 2013 年 9 月 1 日 COTRS 系统正式启用以来，截至 2019 年 1 月 13 日，分配的捐献器官达 61 902 个。

随着 COTRS 系统的不断升级，更加"科学""公平"和"透明"的器官移植分配大数据将供体器官与受赠者的匹配时间极大地缩短，从而给予更多即将失去生命的人重生的机会。

交汇共融，大数据"把脉"精准医疗

过去，人们在很长一段时间里总将癌症与其他病症区分看待。癌细胞具有一定的特殊性，它是由我们自己身体的正常细胞变异而来的，并不是通过外界感染或传染而来的细菌、病毒、微生物，这就使我们在治疗癌症杀灭癌细胞的同时，会不可避免地伤害正常细胞，如何提高癌症的救活率便成了首要问题。尽管目前癌症已经有了手术切除、化学治疗、放射治疗、生物治疗、中医药治疗等医治手段，但患者往往是病情发展到中晚期阶段才发现并确诊，而此时往往已经很难达到理想的治疗效果了。

2013 年，美国著名影星安吉丽娜·朱莉得知自己癌症易感基因 BRCA1 呈阳性，这一检测结果表示其未来患乳腺癌的概率高达 87%，患卵巢癌的概率高达 50%，于是她决定通过接受预防性双乳切除术及卵巢和输卵管切除术来降低患癌风险，手术成功地降低了患病的风险[73]。如今人工智能与医疗大数据的联合应用为疾病防治带来了新的可能性，通过精准医疗中基因库数据的分析，我们可以破解人体密码，使高风险基因无处藏身。

目前，精准医疗已经进入分子生物学水平，可以围绕肿瘤的基因突变方向来制定个性化的治疗方案。对于复杂基因突变，现阶段运用最多的就是基因测序技术和大数据技术，人类可以通过大量的数据积累来发现基因突变和癌变的关联关系。

精准医疗已经在我国健康行业领域中迈出了坚实的步伐。2017 年腾讯参股的 Grail 公司，通过对循环肿瘤 DNA 信息的检测并与已知的肿瘤突变基因序列进行大数据比对，在一定程度上已经可以做到预测及发现早期癌症。而深圳的华大基因作为行业龙头企业，更是致力于普及精准医学，使每个家庭受惠，全面布局肿瘤早期筛查，并结合各癌种的自身特点推出包括

"初筛"与"精筛"在内的多种肿瘤早期筛查解决方案。

统计数据显示，过去 30 年中，因恶性肿瘤死亡的人数不断攀升。若能够及早进行癌症筛查，早诊断、早治疗，不仅可以起到更为有效的预防作用，也可以延缓恶性肿瘤的发展，降低癌症死亡率，更重要的是能够减轻患者的痛苦和负担，是被公认的癌症防控最有效的途径。但对于癌症的防控与预诊断来说，如何在处理数据的极大工作量下有效地降低误诊率，则是另一个需要慎重考虑的问题。

2017 年 12 月 8 日正式发布的腾讯首款医疗产品——腾讯觅影，为肿瘤的提前诊断带来了新的可能（见图 5.5）。据腾讯官方介绍，腾讯觅影系统所具备的"机器人思维"可以对癌症进行早期筛查。这一系统借助深度学习技术，通过"抓取"各大医院癌症诊断的大量内镜检查片，能快速、高准确率地判断出

食管癌早期筛查

基于腾讯深度学习技术，辅助早期食管癌筛查一次患者灵敏不低于94%，准确率高达90%

肺癌早期筛查

基于腾讯深度学习技术，辅助早期肺癌筛查肺结节检出率高达80%，肺结节检测准确率95%

糖尿病性视网膜病变

基于腾讯深度学习技术，辅助眼科糖尿病视网膜病变诊断，准确率97%，敏感度和特异度均大于85%

乳腺癌早期筛查

基于腾讯深度学习技术，对数十万张乳腺钼靶数据进行学习后，自动发现乳腺钼靶数据中的病灶，用于乳腺筛查和辅助医生临床诊断

结直肠癌早期筛查

基于腾讯深度学习技术，对数十万张结直肠数据进行学习后，用于结直肠癌筛查和辅助医生临床诊断

宫颈癌早期筛查

基于腾讯深度学习技术，对大量宫颈液基薄层数据进行学习后，用于宫颈癌早期检测，从而提升诊断工作效率

图 5.5 腾讯觅影 AI 医学影像产品（图片来源：腾讯觅影官网）

有无病灶和异常，辅助医生进行诊断。如今腾讯觅影已与全国 100 余家三甲医院达成合作共建联合医学实验室。未来，包括胃癌、肺结节、糖尿病性视网膜病变、青光眼等早期筛查项目，也将通过腾讯觅影陆续上线[74]。

医疗大数据的应用促进了肿瘤的诊断和治疗方式在医学研究和临床决策中的转变，并逐渐取得了预测、诊断、治疗和监测智能化的发展成果。此外，数据挖掘技术被广泛应用在许多方面，例如肿瘤诊断、辅助治疗和疾病预警。在诊断、筛查、医疗记录和检测过程中，挖掘和分析大量数据可以更好地强化疾病的预防和控制，降低疾病的发病率，从而实现"治未病"[75]。

5.3　"互联网 + 医疗"：医患和谐的"公约数"

院长变身"患者"，看病难，比我想象的还难

2009 年全国两会上来自云南的人大代表王瑛接受了一次采访，从该采访的内容我们得知，就医成本高与交通不便是云南地区人民就医的最大问题。实际上，那时城市里的"看病难"问题也并不比农村容易解决，就在同一年，北京市回龙观医院院长杨甫德亲自体验了作为患者的求医历程。

杨院长为了去医院问诊他长期失眠的毛病，早上 5 点多就出门坐上公交车，6 点多到达医院。他发现，尽管此时天刚刚亮，但医院挂号处已经排起长龙，他只好跟在队伍的最后，这一排就是近 2 小时。然而排到他的时候已经没有心理科专家的号了，他只能选择普通号。挂好号后他发现前面还有几十号病人在等待，为此他又在人满为患的大厅里等了近 5 小时。大厅里四处都能看到病人们或是倚靠栏杆，或是席地而坐，甚至有许多拖着大行李前来

问诊的外地患者。将近 13 点时，他才见到医生接受面诊。在此期间，杨甫德一直在掐表计时。

在这漫长的 7 小时中，杨甫德只有 4.9% 的时间用于看病问诊，另外 95.1% 的时间都在排队等候。最终，杨甫德发出感叹："我当了 30 多年医生，今天更深刻地感受到了看病难，比我想象的还难。[76]"

有数据显示，我国近半数的居民得病但不选择就医，29.6% 的居民该住院却不去住院，"看病难"的问题已经成为一个关注度极高并且亟待解决的社会问题。而如今，阻碍城乡居民就医的问题正以可观的速度减少。

智慧医院，给患者做"减法"

移动互联网技术日臻成熟的今天，大数据应用已与我们的生活息息相关。而在各大医院微信公众号预约挂号，利用微信、支付宝等电子支付手段结算医疗费用已成为常态。

2019 年 3 月"未来医院"升级版在武汉市中心医院上线。患者只用一部手机就能完成提前预约挂号，看病无须再带上各种卡；只用支付宝里的"阿里健康就诊助手"就能准确得知前面还有几位患者；走进医院，也只需要使用该"助手"就能完成从院内导航到候诊再到窗口取药的全流程；而慢性病患者足不出户就能与医生连线远程视频复诊，同时享受由专业配送人员提供的送药上门服务[77]。武汉市中心医院进行的革新只是全国范围内医疗大数据应用场景的小缩影，"互联网 + 医疗"将会为传统医疗带来转型升级。

目前陕西省正在积极推动省内互联网医院的建设工作，已经允许医疗机构使用互联网医院作为第二名称，开展医院的线上诊疗服务。随着大量医疗硬件设备的小型化和智能化，医生可以依据患者在居家或是公共场所活动时产生的客观、真实数据，在医疗质量不下滑和信息不泄露的前提下，对一些常见的疾病进行在线诊断，患者的慢性病复查也可线上进行[78]。

智慧医疗给医院带来了巨大的变化，原来挂不上的号、排不完的队、爬不完的楼梯，现在基本不复存在了。深圳市妇幼保健院红荔院区门诊部罗护士长对此有着最直接、最深刻的体会。在医院经过智慧升级后，她曾收到一位孩子让她深感温暖的短信："罗阿姨，你们医院变化真大，一年多没来，环境和便利程度都得到了提升。再也不用排那么多队，真是太好了！"罗护士长直言，在这家医院工作了 35 年，看到医院正在发生的改变，非常开心听到患者这样的"点赞"[79]。

终端 PDA，让护理做"除法"

在医院的一角，住院病房多位病人都在同时输液，病房中充斥着病人的呼喊声和此起彼伏的铃声。伴随着护士们一声声"稍等，马上来！"的应答，她们迈着忙碌的脚步来来回回穿梭于配药间和病房……一天下来，就算是"铁打的"白衣天使也是身心俱疲。每天这样重复的高强度工作，护理质量难以提升，更严重的是容易发生安全问题。

输液看护成了一大难题。输液时，家属和病人往往为不能及时换药而可能导致的事故着急，同时老人和视力偏差的患者也困扰于无法正确识别输液瓶上的印刷字体，从而产生极大的精神负担。为了使这样两难的局面得到缓解，北京大学深圳医院引入了包括输液感应器、PDA 传输系统和病房传输系统的全闭环智能输液管理系统（见图 5.6）。

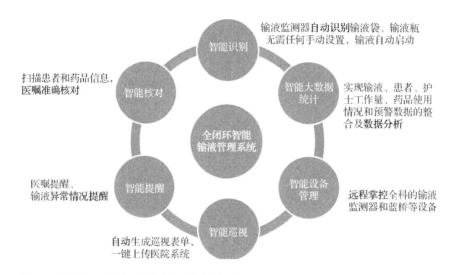

图 5.6　北京大学深圳医院的全闭环智能输液管理系统（图片来源：北京大学深圳医院）

"病人在输液时我们最怕发生一些突发情况而来不及处理，万一错过拔针的时间还有可能引起患者不满。"北京大学深圳医院一名护士在说起输液看护问题时提到，"现在我们医院应用了智能输液监控系统，护士们工作时不用时刻提心吊胆，系统把我们从输液看护中解放了出来，可以节省出时间多为患者提供其他服务。"

医院大数据分析得出：没有智能信息系统配备时，护士每进行 10 000 次输液操作，就可能出现 3 次弄错输液对象的错误。而在应用了智能输液监控系统的北京大学深圳医院，护士会在输液前通过 PDA 对患者腕带进行扫码确认身份，同时将患者的生命体征测量数据转入计算机端以及护理记录中，患者即可进行输液。如果身份信息不相符合，PDA 会用警报的方式制止输液。

该全闭环智能输液管理系统能够实时监测患者输液剩余量和滴速，并将其数据远程反馈，可提前对护理人员进行预警提醒。患者输液过程中，剩余液量和滴速在护士站的大屏幕、计算机上显示，护士随身携带的 PDA 上也能远程查看。输液过程中若出现了意外情况，例如"手肿"等，系统将发出远程警报进行提醒，护士接收到便会去进行检查。

过去在输液部常见的多病床同时呼叫的现象得到了极大的缓解，护士从"被动响应"转为"提前做好主动安排"。过去在听到病人按铃后，护士被要求在 2 分钟内赶到，有时候护士忙于手头上的事，超时了都会被骂，心里也很委屈。现在病人和家属会说："还没叫你们就来了，你们服务很不错！"[80]

远程医疗，家门口的"专家"

相隔天涯，专家远程为病人做一台手术，这可能吗？

据人民网福建频道 2019 年 1 月报道，北京 301 医院肝胆胰肿瘤外科主任刘荣，在位于福州市长乐滨海新城的中国联通东南研究院内登录了 5G 网络，通过远程操纵器械，实时为位于福建医科大学孟超肝胆医院中的一只小猪治疗，进行了肝小叶切除手术。

这是华为联合中国联通福建分公司、福建医科大学孟超肝胆医院、北京 301 医院、苏州康多机器人有限公司等通力完成的全球第一例 5G 远程手术。5G 网络的传输速度优势使得远程手术的稳定性大大提高，从而降低了手术的操控风险。据悉，在 5G 网络环境下，这台远程手术机器几乎可以做到两点同步。

术后，刘荣医生表示，正是 5G 技术带来的身体感官的真切体验和高清视频的高速传输，保证了本次手术的成功，也为日后 5G 远程外科手术的临床应用创造了相应的条件。

2019 年 3 月 16 日，位于 3000 千米外海南岛南部的凌志培医生通过远程操作北京 PLAGH 医院的仪器将一个脑起搏器植入病人的大脑。长达 3 小时的手术顺利完成，这位患有帕金森综合征的病人术后感觉良好。

由于视频卡顿和远程控制延迟，4G 网络无法进行外科手术。而如今，5G 技术解决了这些问题。

计算机连接至华为开发的 5G 网络后，为手术全程带来了低延时、高清晰度、高稳定性的实况传播，有利于更加精细的会诊和手术操作。"你几乎感觉不到病人在 3000 千米之外。"凌志培医生说。

5G 网络相比上一代网络具有大带宽、低延时、广连接的优势，因此以之构成的远程手术协作系统网络能够充分保证远程手术的稳定性、实时性和精确性。通过 5G 远程会诊、5G 远程体质检查等特色应用，可以实现医学监测、指导和医学操作的全新突破。

通过 5G 和大数据的配合，病患信息在患者、医生以及医院各部门之间实现了灵活交互，快速对系统内医疗数据进行收集和积累，从而可以使医护人员打破时间和空间限制，有效保持诊疗过程的连续性和准确性，最终达到释放更多医疗资源、提高医院公共服务能力的目的。

5G 助力医疗无疑是智慧医疗行业未来的福音。我们可以预见，未来不会只有医生及医务人员充当全部的医疗劳动力，而是通过技术将劳动力合理分配，创造更多有助于医生工作的劳动力以及医护资源，打破医疗资源分布不均衡的格局，让医疗资源向基层下沉、向落后地区下沉，让偏远地区患者享受同样的优质医疗服务，从根本上解决"看病难"的问题。

5.4 医疗"联姻"区块链：念好隐私的"紧箍咒"

大数据时代，"止泄"刻不容缓

当今已是全球经济技术一体化的时代，我国的医疗健康行业已经与信息技术深度融合。尽管医疗大数据蕴藏着巨大潜力，但由于技术和法律法规等方面尚未完全成熟，数据安全面临着极大的考验。大量的有效数据也带来了信息泄露的风险，这对于个人、医院、企业和政府来说都是极大的威胁。

2017 年 9 月，四川省广元市公安局破获了一起新生婴幼儿信息泄露事件。涉案人徐某供职于成都市某社区卫生服务中心，利用职务之便，多次从成都市某妇幼信息管理系统非法下载 2016—2017 年的新生婴儿信息及孕妇预产信息数据 50 余万条，并将全部信息进行售卖，导致了一系列恶劣后果，比如：孩子刚出生，就有人给其父母打电话推销月子餐、婴儿奶粉和尿不湿等；孕妇刚到医院挂号，就有各色人等围绕其身边推销"保胎神药"……数据泄露给当事人带来了极大的困扰。

无独有偶，2016 年 7 月，诈骗者将目标对准了艾滋病患者群体，将诈骗电话打给了全国超过 300 名的艾滋病患者。他们打着政府的名义，以领取医疗补助的理由向患者索要手续费。因为在电话中，诈骗者能报出详细的患者信息，包括姓名、就诊时间、拿药地点和身份证号码等个人信息，因此有不少艾滋病患者上当受骗。

若患者的个人信息没有得到有效监管和保护，就很容易让内部和外部人员通过违规操作盗取信息。盗取新生儿信息的徐某就是凭借账号权限进行信息下载及窃取，而在案发之前这些异常行为均未被察觉和捕获。

那么，如何才能更好地避免以上情况呢？有没有一个类似于唐僧给孙悟空戴上的"紧箍咒"来保障信息安全呢？

区块链技术，让"隐私"不再受伤

医疗大数据在给居民健康和医疗研究带来便利的同时，也带来了一系列数据泄露和个人隐私暴露的问题。事实上医疗大数据早已不只在健康医疗行业中实现聚合，而且在不同公共部门之间流转。数据经过采集、加工和应用，突破了卫生健康、工信、民政、公安、社保、环保和食药品监管等多个部门之间的壁垒，这一现实情况无疑给卫生相关部门带来了更加难以规避的隐私泄露风险。这种医疗数据共享与患者隐私保护之间的矛盾，在发达国家同样存在。

2018 年 7 月 12 日，新加坡遭遇了截至当时最严重的网络攻击，其中"新保集团"数据库从 2018 年 6 月开始遭到"黑客"攻击，失窃数据涵盖 2015—2018 年约 150 万名就诊人员的个人资料和 16 万人的门诊开药记录，这其中甚至包括了新加坡总理李显龙、荣誉国务资政吴作栋及多名部长级官员的个人资料和门诊记录。

事实上，81% 的数据泄露事件都与身份信息被窃取有关。由于医疗信息化工作的特殊性，一些身份信息的保护环节较为薄弱，如多维度人员的存在、密码管理不到位、信息访问缺乏有效监督以及管理级别人员的权限监管不明确等情况。

2015 年全国两会期间，已有多位全国人大代表呼吁应加强医疗大数据背景下的隐私保护及数据信息管理工作。尤其是近几年国家大力推行分级诊疗、社区治疗，使隐私保护工作显得更为重要。医疗行业从业人员必须意识到他们正面临与金融服务行业相同的威胁。为了及时发现数据泄露风险并采取有效措施，建立保护机制是十分必要的。

基于区块链的医疗健康平台将采用分布式的记录方式，不再像传统的医疗健康数据平台那样，由平台持有用户的所有信息，而是每一位用户手上都有一份"账本"，它是数据的安全屏障。

基于区块链，各种医疗信息数据被翻译为密文，通过密文存储和发送，确保了数据存储和流转不被截取或被盗窃后进行解密。区块链技术能界定功能权限，可以杜绝未经授权的访问，也可以避免信息泄露的威胁。

此外，区块链技术可以防止医疗过程中产生的敏感数据被篡改，并能实现可追溯的精确定位。它可以为医疗数据库搭建一个诚信、公正、安全的共享平台，使医疗健康产业得以实现数据的可信交换和验证。有了区块链技术，医疗数据仿佛穿上了一件"防护衣"，即使面对的是一个数据爆炸的时代，我们仍然能够放心就医。

人类追求美好生活的步伐从未停止。在不久的将来，随着医疗大数据的逐渐深入应用，一个"生有所养，病有所倚，老有所依"的生命全周期健康管理模式将真正走进我们的生活，陪伴人类度过漫长岁月的将不再是挥之不去的担忧或医疗仪器的忙音，而是更有温度的医疗大数据。

我们有理由相信，这一天将不会太遥远。

第六章

无侥幸天下：
一个更安全的中国社会

要把大数据作为推动公安工作创新发展的大引擎、培育战斗力生成新的增长点，全面助推公安工作质量变革、效率变革、动力变革。

——习近平总书记在全国公安工作会议上的讲话[81]

6.1　要是此案在中国，早破了 ①[82]

2017 年 6 月，美国一起离奇的失踪案牵动了许多华人的心。26 岁的中国女留学生章莹颖在伊利诺伊大学香槟分校附近失踪，美国警方获得的最后线索是：6 月 9 日下午，章莹颖上了街边的一辆黑色轿车，街口的一个摄像头录下了这个过程。由于像素过低，车牌号码无法辨认，但警方通过该车的颜色、型号和外观，在伊利诺伊州的车辆数据库中进行了甄别和排查，6 月 15 日，警方确认了涉案车辆。图 6.1 所示为美国警方公布的章莹颖失踪前画面和涉案车辆画面。

注：左上图为当地时间 2017 年 6 月 9 日 13 点 35 分，美国伊利诺伊州厄巴纳市一辆巴士的摄像头拍下的章莹颖画面。其余为涉案车辆被不同地点的三个不同的摄像头拍下的画面，其中右上图为受害人站在路边与涉案车辆司机交谈。

图 6.1　美国警方公布的章莹颖失踪前画面和涉案车辆画面
（图片来源：伊利诺伊大学警方官网）

---

① 本章部分内容编选自本书编著者之一涂子沛 2018 年在中信出版社出版的《数文明：大数据如何重塑人类文明、商业形态和个人世界》一书。

该车车主承认章莹颖曾经搭过他的车，但强调她中途就下车了。在随后的调查中，警方又发现这名嫌疑人曾经在 4 月访问一个在线论坛并搜索过"绑架""完美绑架"和"如何策划一次绑架"等关键词。6 月 29 日，在电话监听中，警方甚至听到他向别人承认自己绑架了章莹颖。

次日，警方逮捕了这名嫌疑人。虽然图片、文字、音频、网络记录都表明他和此案高度相关，但半年过去了，因为缺乏关键证据，他仍拒绝认罪。章莹颖从此人间蒸发、再无音讯，媒体和社会都认为她早已遇害。2018 年 1 月 19 日，在联邦司法部长的指令下，联邦检察官提交了将在本案中寻求死刑判决的意向书。直到 2019 年 8 月，章莹颖失踪案才最终宣判——罪犯克里斯滕森被判终身监禁。而此时距离章莹颖失联已经过去了两年多。

章莹颖的不幸在中国激起了涟漪。2017 年 9 月，笔者来到苏州工业园区，应邀为当地政府规划设计城市大脑。苏州是一个祥和、美丽、发达的江南城市，但它也有"成长的烦恼"，城市在转型升级，管理却在拖后腿。作为中国园区建设的领头羊，苏州工业园率先在江苏省启动了城市大脑的建设。在一次公安专题会议上，我们谈到了章莹颖案。一名公安局局长说："我研究过章莹颖案，要是此案在中国，早破了！我们的高清摄像头可以辨识车牌，还可以还原一辆车在城市中的行驶轨迹，这些都是关键证据。"

他准确地捕捉到美国警方迟迟不能结案的要害，自信的表情给我留下了深刻的印象。碰巧的是，当天晚上，他的逻辑和底气又在电视屏幕上得到了印证。9 月 18 日，纪录片《辉煌中国》在中央电视台黄金时间开播，当天的那一集恰恰以苏州为例，浓墨重彩地介绍天网：中国已经建成世界最大的视频监控网，视频摄像头超过 2000 万个，这个叫"中国天网"的大工程是守护百姓的眼睛。

一名苏州警察登场，他介绍说："我们的路面监控覆盖率已经相当高，比如发生一个违法犯罪警情时，我们可以根据需要，调整到嫌疑人身上的某一个点位。我们的任务就是根据这些信息，研判可能诱发犯罪的蛛丝马迹。利用人工智能和大数据进行警务预测，这在中国不仅已全面普及，而且水平位居世界前列。"

"超过 2000 万个"成了我们第二天饭桌上的话题。2000 万个是"起步价"，大家争论究竟会有多少个。摄像头虽小，但也有管理维护的成本，按中国的人口和地域计算，究竟应该安装多少个，该不该封顶？和其他国家对比，是应该算总数还是人均数？摄像头数的增长反映了什么问题，是物联网的普及、治安有保障，还是世风日下、隐私侵扰？

谈到视频监控，有不少人的第一反应都是不安和反感。笔者认为，在整个社会对摄像头已经抱有警惕和不安情绪的情况下去统计它的数量，得出的结果肯定是扭曲的，这是统计科学与生俱来的一个难以解决的问题：当我们意识到一件事情需要统计再去统计的时候，往往很难获得真实的数据，而在这之前却可以。这个悖论称为"统计第一性"。

我们可以从其他统计数字和新闻报道中找到一些蛛丝马迹。有一些报道的出发点是强调公安部门通过视频监控提升了破案率，摄像头数量是作为"辅料"而不是"主菜"出现的，它的可信度就更高。

据互联网统计公司 Statist 统计，截至 2014 年，美国有约 4000 万个摄像头，平均每 8 个人拥有一个摄像头；英国有 580 万个摄像头，平均每 11 个人拥有一个摄像头，如果在伦敦生活，一个人一天之中可能会被摄像头拍下 70 次左右[83]。而据全球信息研究公司 IHS Markit 2018 年 7 月发布的

《2018 全球视频监控信息服务报告》显示，我国当时约装有 1.76 亿个监控摄像头[84]。

据公开报道，深圳特区破获的刑事案件中，有一半是通过视频研判找到的破案线索；广州的视频破案率从 2011 年的 10.51% 跃升至 2016 年的 70.96%；福建晋江利用视频监控破获的案件占案发总数的 70% 以上。"只要你在街头闲逛一两分钟，就会被治安防控的高清摄像头扫到。"晋江市公安局的总工程师这样介绍当地的安防建设。

这"闲逛的一两分钟"已经成为重要的破案资源。2012 年 2 月，武汉警方成立了全国首支视频侦查支队。2013 年 12 月，深圳也成立了视频警察支队。全国各地还有数不胜数的城市公安部门，在刑侦支队内设了视频大队。

当我们细究摄像头时，就会发现在窥视背后，还有一股强大的力量：人性对安全和信任的需要。

现代城市是一个陌生人社会，这和传统的乡村社会完全不同，陌生意味着不确定，不确定就会引发人类心理上的不安全感。

一个城市要怎么样才能安全呢？1961 年，美国城市学家雅各布斯（Jane Jacobs，1916—2006，1974 年加入加拿大籍）出版了其经典著作《美国大城市的死与生》（*The Death and Life of Great American Cities*），她在书中写道，一条街道两边楼房的门窗都应该面向街道而设，如果背向街道的房子过多，这条街道的治安就会不好，因为它们失去了"眼睛"的保护。她观察到邻居之间可以通过经常打照面来区分熟人和陌生人，从而获得安全感，而潜在的"要做坏事的人"则会受到各路人员的目光监督。雅各布斯据此发展了"街道眼"（Street Eye）的概念，主张保持小尺度的街区和街道上的各种小店铺，用以增加人们相互见面的机会，从而增强公共区域的安全感。

今天的时代已经和雅各布斯当年的时代全然不同。世界上越来越多的城市都在大兴土木地发展道路，传统街区正在消失，人口流动正在加快，人们传统的联系纽带正在一点点断裂，雅各布斯所倡导的"街道眼"越来越难在寸土寸金的城市中存在。

无形之中，人工之眼已经成了新的解决方案。放眼世界，绝大部分城市都在巩固和建设这个新的基础设施，一个又一个的摄像头之城正在诞生。而且，除了政府管理部门，还有公司、家庭和个人不停地安装摄像头。天网不是单维的，它至少已经出现了三个维度，它已经深入到了城市的微生态和小场景，并发挥着不可小觑的"微管理"作用。

6.2　城市"视网膜"如何看见

苏州工业园区之行一个月后的国庆节，笔者在广东潮州一位朋友家做客，他住在一幢普通居民楼的三楼。朋友在楼下的门廊处安装了一个摄像头，家中客厅的一块小屏幕时刻"直播"着楼下的情况。他告诉我，这么做是为了守护停放在楼下的摩托车。有一次，有人打他摩托车的主意，恰巧被他在屏幕上发现，他立刻对着喇叭大喝一声："做乜 ② ！"对方惊慌而逃。

这也是"空中之眼"。笔者在潮州各个小区走动，发现类似的家庭摄像头每个小区都有，而且不少，几乎都设置在停车位、单元入口和楼梯通道。不可避免的是，经过摄像头前的人也被记录了下来，这常常引发隐私争议，甚

---

② 粤语，意为"干什么"。

至出现了邻里之间互相诉讼的案例。

▶ 延伸阅读

摄像头引起的诉讼

　　顾某、董某是居住在广州天河某小区的邻居，双方房子位于公共走廊的同一尽头。2013 年起，双方围绕摄像头，历时 5 年，打了 5 场官司：（1）2013 年，董某发现自家门锁常被破坏，就在门外、窗外安装了两个摄像头，但顾某发现，家人进出房门等举动被"监视"，遂以侵犯隐私为由诉诸天河区人民法院。经调解后，董某拆除了摄像头。（2）不久，董某再次在门外天花板安装了一个摄像头并对着门口的公共区域，协商不成，顾某再次诉诸天河区人民法院，后经调解董某拆除了摄像头。（3）2014 年 10 月，董某在自家大门的内门上安装了一个猫眼摄像头。内门关闭时，摄像头的摄像范围固定，但是当内门开启时，能拍摄到顾某家的厨房。顾某又一次将邻居告上天河区人民法院，法院认为，该猫眼摄像头监视公共走廊的行为并未侵犯顾某的隐私权、肖像权，一审驳回顾某的请求。（4）一审后，顾某不服，向广州市中级人民法院提起上诉。2015 年 9 月，广州市中级人民法院做出"驳回上诉，维持原判"的终审判决。（5）二审判决后，顾某依然不服，向广东省高级人民法院申请再审。2017 年 11 月，广东省高级人民法院做出再审判决，撤销一、二审的判决，并判决董某于判决生效之日起停止摄录顾某进出住宅信息的行为。[85]

　　美国一家以社区为基础的社交网站 Nextdoor，鼓励每个家庭把自己的摄像头接入它的平台。单个摄像头的覆盖范围有限，但上百户家庭的摄像头聚合起来，就能形成一张覆盖整个社区环境的监控网络。每个家庭只要安装一个简单的安防监控软件，就可以集合起多个摄像头，实现统一监控，还可以把所有的数据保存在云端的存储器。这个软件是免费的，这意味着只要连接、共享的摄像头足够多，一户家庭、一个人就可以看到整个社区的画面和动态，局部相加，将会起到"1 + 1 > 2"的效应；而社区中的任何一个摄像头，随时都可能有很多双眼睛在观看。

民间的这些摄像头，就好比在国有经济之外的民营经济，我们最终会认识到，和政府相比较，民间更具活力，这还只是"中国天网"的第二个维度。

除了"空中之眼"，今天的城市中还有无数双"移动之眼"，它们被安装在城市公交车、出租车或私家车的前后视镜上，又形成了一张移动天网。

以浙江杭州和山西临汾为例。2014 年杭州约 8200 辆公交车都安装了摄像头，一辆普通公交车标配 4 个摄像头。依此计算，仅杭州公交车上的摄像头数量就多达 3.28 万个。[86] 其中，车头的两个摄像头可以监控车辆运行时的前方路况，如果发现前方有车辆违规占用公交车道，摄像头可以自动拍照并把照片提交给交警部门。据报道，2016 年 12 月，仅仅 10 天之内，临汾公交车上的智能电子摄像头就抓拍了 230 辆机动车违法占用公交车道的照片。[87] 同时，为了有效规范交通驾驶行为，杜绝"抢方向盘"③ 事件发生，交通部还于 2018 年年底加紧部署了营运客运汽车安全监控整治行动，推动"移动之眼"实时跟拍"两客一危"④ 车辆，实现不安全驾驶行为的自动识别、

---

③ 2018 年，重庆万州、北京、武汉接连发生若干起"抢方向盘"事件，给交通安全蒙上了一层阴影。

④ 两客一危，是指从事旅游包车、三类以上班线客车和运输危险化学品、烟花爆竹、民用爆炸物品的道路专用车辆。

自动监控和实时报警。

美国人少车少，章莹颖的案子如果发生在中国，会不会经历这么多的波折？这很难简单类比，但一位公安朋友曾经讲过两个真实的交通事故案例，反映出移动天网的无限可能。一个案例是某街偏僻处发生了一起交通事故，导致一人死亡，在现场缺乏监控的情况下，警方派出大量警力参与调查，两周后终于在一辆过路车的行车记录仪上找到了当时的视频，还原了事故现场。在另外一起事故当中，一辆汽车和一辆电动车恶性相撞，根据路口的监控，是汽车闯了红灯，但根据汽车的行车记录仪提供的记录，电动车也闯了红灯，最后电动车和汽车双方共同承担了责任。如果没有行车记录仪的记录，汽车方将负全责。

在事故责任认定和取证上，行车记录仪常常起到关键作用。2016 年在南京浦口的一个三岔路口，一名女子被飞车抢劫。嫌疑人显然颇有经验，他让自己的正脸避开了事发现场的摄像头，但魔高一尺，道高一丈，接手这宗案件的南京警察更有经验，他看到视频现场有经过的车辆，就通过车牌号码——联系这些路过的车主，果然在一辆私家车的行车记录仪上获得了一个最佳角度的视频，提取到了该名嫌疑人的体貌特征，次日将其抓获。[88]

这个三岔路口是嫌疑人精心选择的犯罪现场，路过的车辆本来是他隐藏行踪的最佳背景，但因为行车记录仪的存在，沉默的背景突然反转成为"目击证人"，而且这位"目击证人"的眼睛还带有回放功能。如果提前预知这样的场景，这名嫌疑人无论如何都不敢下手。

这些紧贴地面移动的摄像头，当然也是"中国天网"的一个组成部分。据公安部交管局统计，截至 2018 年 12 月，全国机动车保有量达 3.25 亿辆，其中私家车 1.87 亿辆。一个行车记录仪只要三四百元，未来可能成为每辆车的标配。

官方天网、民间天网，再加上车载移动天网，构成了"中国天网"的"三体"，把这三体所有的摄像头数量加起来，"中国天网"的摄像头总数至少有3 亿。

我们应该积极创造条件、推动民间天网相连，同时让行车记录仪通过车联网在云端相连，它们一旦相连，将会释放出更为惊人的力量。这种"联"，不是像某些网络直播平台那样，把视频搬到网上供大家观赏。公安部门至少应该建立摄像头登记制度，对商铺、家庭安装的摄像头，尤其是在楼道、小区出口、停车位等关键部位的摄像头进行备案登记，形成一个数据库。当有案件发生时，嫌疑人的行进、撤退必定有一定的路线和轨迹，而沿途的摄像头会记录这个过程，留下证据。

6.3 边缘计算：驱动计算之网

对于天网，大众的认知将会发生一次跳跃式的升级。

未来的摄像头，将不仅仅被用来收集数据，它还会对数据进行整合、分析和处理。人类很快就会发现，天网将是驱动人工智能发展的重要发动机，将成为世界人工智能竞赛的主战场之一。

信息之于人类，可以分为三类：图像、文字、声音。人类接收它们的方式，主要是视觉和听觉，其中高达 80% 是通过视觉，剩下 20% 才是通过声音。图像不仅多，而且人类对图像也远比对声音敏感。人工智能的目标是要用机器代替人，那首先就要让机器具备视觉和听觉，即用摄像头取代人类的眼睛和耳朵。说得更具体一点，就是今天的普通摄像头必须成为智能摄像头。

笔者认为，人工智能产业化的第一个大规模应用将不是机器人，而是智能摄像头。所谓智能摄像头，是指不仅能够录制图像，还可以分析图像，甚至收集、分析声音的摄像头。未来当你面对一个智能摄像头时，它可能会通过人脸识别直接喊出你的名字，和你进行简单的对话。

人类会首先因为智能摄像头的普及——而不是机器人的普及，感受到一个人工智能无处不在的时代。

天网是地球上最大的影像数据来源，就此而言，天网就是"天眼"，这些数据是人工智能的宝贵资源。由于摄像头的智能化，天网也将从记录之网转变为计算之网。

智能摄像头的普及势在必行，还有一个重要的原因。

摄像头需要联网。一座城市所有的摄像头，就是一个城市的视网膜，如果把天网理解为"天罗地网"，那仅仅强调了它功能强大，能够疏而不漏，这是不够的。天网之"网"，更应该强调的是"联"，即摄像头连接成一片，实现数据共享。通过一块屏幕可以调看、分析一个城市所有的摄像头，实现跨摄像头的定位、追踪和管理，这也可以理解为"摄像头联动和接力"。

摄像头数据联网、共享，最大的难题是数据的存储和传输。视频文件"体积"巨大，记录同样一句话，视频文件的"体积"约是语音文件的 100 倍、文本文件的 10 000 倍。视频文件的传输也是互联网需要面对的挑战，虽然我们对视频的需求只占全部需求的 10%，但这 10% 的需求所产生的流量可能超过整个网络流量的 90%。成千上万的摄像头 24 小时不间断运转，它们的视频图像集中到一起，其产生的传输流量将让任何网络都不堪重负。

▶ 延伸阅读

雪亮工程推动摄像头联网

　　各类监控摄像头联网是中国政府近年来一直在推动的工作。2015 年 5 月，国家发展改革委、中央综治办等多个部门联合发布《关于加强公共安全视频监控建设联网应用工作的若干意见》，要求到 2020 年，基本实现公共安全视频监控"全域覆盖、全网共享、全时可用、全程可控"，通过这 4 个"全"，在加强治安防控、优化交通出行、服务城市管理、创新社会治理等方面取得突出成效。关于联网，要求两个百分之百：在重点公共区域，视频监控联网率达到 100%；在重点行业、领域涉及公共区域的视频图像资源联网率达到 100%。2016 年 10 月，中央政法委推出了以视频监控联网应用为重点的"雪亮工程"⑤。2016 年 11 月，福建泉州近 8 万路视频实现联网，其中公安自建的一类高清视频监控近 3 万路；另外泉州还整合接入了"镇村级视频监控""平安校园""智慧交通"等二、三类视频监控近 5 万路。泉州因此入选全国首批"公共安全视频监控建设联网应用示范城市"，是福建省唯一获此殊荣的地级市[89]。

　　2011 年，思科（Cisco）全球研发中心原总裁博诺米（Flavio Bonomi）开创性地提出了"雾计算（Fog Computing）"的框架和概念。

　　雾，四处弥漫、无处不在，它可以被看作一种贴近地面的"云"。"雾计

---

⑤　山东省临沂市是"雪亮工程"的发源地。"雪亮工程"2013 年在临沂平邑县开始探索，2015 年起全市推行，最偏远的村庄也有摄像头监控。2016 年，中央综治办会同有关部门推行"雪亮工程"，建设公共安全视频监控并联网应用，完善立体化社会治安防控体系。

算"借用了雾这个"四处弥漫、无处不在"的形象。传统的云计算是把所有的数据都集中起来处理，但"雾计算"把一部分数据存储在网络的边缘设备当中，并赋予边缘设备分析的能力，让计算直接在边缘发生，减少对数据传输和中心服务器的依赖。

智能摄像头将成为最典型的边缘设备，即摄像头会变成一台微型计算机，像"智能尘埃"一样悬浮在空中、无处不在。例如，在十字路口承担电子警察功能的摄像头，其现行方法是把所有的影像数据都传回后端平台，进行集中处理，这耗费了大量的流量不说，还存在滞后性。未来我们将赋予摄像头计算能力，它可以直接实时判断镜头中的车辆或行人是否违章，进而把判断结果——仅仅一条文本信息反馈给后端中心，这将大大减少系统对云计算、云存储和网络带宽的需求。

从逻辑上分析，笔者更倾向于把"雾计算"称为"边缘计算"。这是一个新的趋势，以图像识别为中心的人工智能将为网络边缘赋能，越来越多的应用将配置在前端，关键数据也将存储在前端。后端的计算资源将会被用于更细致的、更高深的图像整合和分析。

接下来，我们聚焦本章一开始提出的问题：为什么中国警方如此自信可以还原类似章莹颖案中一辆车的运行轨迹？

6.4　轨迹追踪：赋能公共安全

轨迹是一系列带有时间标记的位置信息集合。并不是所有的物体都会移动，但对一个会移动的物体而言，要研究它，就必须跟踪它的轨迹。对此，人类在远古时期就很清楚。

远古时期，人类就发现星体在运动，而且正是这种运动影响了地球上的各种自然现象。出于好奇和恐惧，古人把视线投向了天空，在没有任何科学仪器帮助的情况下，一代代人仅凭借肉眼凝望、观察，用最简单笨拙的方法记录太阳、月亮和星星的运行和位置，最后画出了天体运行的大致轨迹。

通过这些轨迹，人类知道了一个太阳年大概是 365 天，一年有四季的更替。人类据此确定播种、收获、迁徙、应对洪水潮汐等重要活动的时间节点。除了研究星体，人类还研究鸟类和野兽。要发现它们捕食、迁徙和繁殖的规律，就要跟踪其移动的轨迹。气象学家、环境学家要研究飓风、龙卷风和洋流，也要从确认它们的路线和运行轨迹出发。

▶ 延伸阅读

轨迹、数据和星体研究

记录物体运行经过的点位，是最基础的轨迹研究工作。1605 年，天文学家开普勒（1571—1630）面前摆着一张张满是数据的恒星运行表，它记录了太阳和其他星体几百年间运行的位置。多年来，开普勒一直尝试根据这些记录找出星体运行的规律，他反复尝试了 50 多种曲线，但都和数据不符。有一天晚上，他突然意识到，如果行星围绕太阳运行的轨道是椭圆，而不是前人一直认为的正圆，那么哥白尼（1473—1543）和第谷（1546—1601）以及数百年来记录的数据都可以得到解释。这个设想最终被证明是正确的。因为正确地勾画了行星运动的轨迹，开普勒随后又确立了三大行星运动定律，这为后来万有引力定律的发现奠定了基础。开普勒因此被称为"天空立法者""星体立法者"。

人和车的移动是城市动态性最显著的体现。相对于人来说，车辆的体积较为庞大，它在交通路口必然会留下影像，加上车牌这个独特的标识，很容易被识别出来。因此，只要城市路口有足够多的摄像头，就可以拍下一系列带有"时间戳"的照片，再以车辆的车型、颜色、行车速度和驾驶人员特征为辅助，就可以画出车辆行驶轨迹，并据此推测到天网未覆盖区域的情况。

对车而言，天网最重要的部位是卡口。所谓卡口，是指城市中主要的、配有摄像头的交通路口。卡口和电子警察并不相同，两者的区别是，卡口会从正面拍下经过路口车辆的照片并识别车牌，而电子警察只针对闯红灯等违章行为从尾部进行拍摄。对过往车辆，卡口的捕获率已经超过 99%。极个别的遗漏可能是因为车速过快，或者两车相距太近互相遮挡。除了少数逆光、眩光的照片，绝大部分照片中的车牌号码都可以被成功识别。

车辆识别和真假钞识别类似，在制式上必须有统一的模板。为了方便机器识别，中国近 20 年来一直以毫米为单位规范车牌的格式和布局。1992 年的国家标准就禁用了英文字母"I"和"O"，以避免与阿拉伯数字"1"和"0"混淆；2008 年颁布的《车辆号牌专用固封装置》（GA804—2008）又规定，使用号牌架辅助安装时，号牌架内侧边缘距离机动车登记编号字符边缘必须大于 5 毫米；车牌架外框不得带有标志、字母、装饰图案，更不得遮挡号牌字符，否则将被视为违法行为。这些规定都是为了方便机器识别车牌。

2017 年，中国各地陆续开始推广左上角印有二维码的新型车辆号牌。二维码信息与号码相一致且具有唯一性，摄像头和民警执法时扫描二维码，就能更快、更方便地查对车辆信息，以甄别假牌、套牌车辆。汽车号牌识别原理如图 6.2 所示。

图6.2 汽车号牌识别原理[6]

这个情形，类似于人类向着一个目标奔跑，而目标本身也在向着人类移动，两者当然会更快地会合，达成目标。放在今天大数据和人工智能的大背景下来说，就是人工智能在逼近现实，同时人类也在改造现实，让现实靠近人工智能。

随着车牌号码识别技术的成熟，有公司推出了以图搜车的功能。只要上传一辆车的照片，就可以查询出它被哪些卡口的摄像头抓拍过，把这些记录按照时间顺序相连，就可以还原一辆车在城市中的行驶轨迹（见图6.3）。

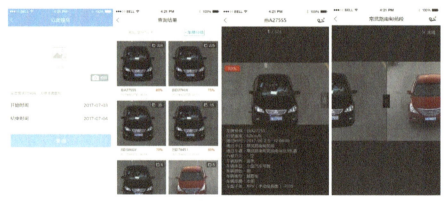

注：（1）上传图片；（2）显示不同相似度的查询结果；（3）查看具体车辆信息；
（4）用查询到的结果照片与原始照片进行比对，获得车辆的历史数据。

图6.3 以图搜车的4个步骤[7]

---

[6] 除了"I"和"O"，机器容易混淆的还有"Z"和"2"、"S"和"5"、"B"和"8"、"D"和"0"等。

[7] 图片来源：东方网力科技股份有限公司官网产品"移动视频监控平台"介绍。网页获取日期：2017.11.23。

2016 年下半年起，车牌识别的技术开始快速、大规模地普及。上海虹桥综合交通枢纽集机场、火车站、地铁站和公交站四位一体，密集的车流给管理带来了巨大的挑战。2016 年，上海虹桥综合交通枢纽分析了一个月内车辆进出停车场的数据，发现进出 100 次以上的车辆有 70 辆，其中一辆车进出了 516 次，这些车辆如此频繁地进出，明显不是个人出行。在逐个传讯之后，绝大部分车主都承认了非法营运的事实[90]。2017 年 5 月，上海虹桥机场停车场启用了汽车智能识别系统，车辆驶入车库时不用再停车取卡，而是直接经由摄像头智能识别并记录数据，涉嫌非法营运的多次到访将会立即被发现、被查处。

我们不妨就此展开更丰富的联想和假设：如果一个城市所有卡口和所有停车场的系统都实现连通，就可能以城市为单位实现车牌的全域跟踪识别，公安部门即可从全域轨迹数据中发现线索和玄机，进行有针对性的检查。

然而，目前要实现卡口和停车场数据的连通，困难还很大，主要是因为城市停车场分属不同的机构，是多头管理。但我们有理由相信，这是大势所趋，迟早会实现。

对车辆轨迹的充分掌握，还为警方处理突发警情带来了很大的余地。对肇事者或嫌疑人的车辆，警察原来的第一反应是立刻追击，这也是警匪大片中常常上演追车桥段的原因。但现在有了天网，警察可以不着急，先"让子弹飞一会儿"，等该车辆到了车少的路段，再组织拦截抓捕，这样可以避免引发交通混乱。

除了车辆的号牌，目前的图像识别技术也支持对车型、品牌、颜色、驾驶员等多维数据的自动识别。2016 年的《公路车辆智能监测记录系统通用技术条件》就要求照片中驾驶员的面部图像不小于 50×50 个像素点，这又衍生出一些新的应用。例如，"开车玩手机"也能被清晰地拍摄并识别出来。2017 年 6 月 1 日，浙江省内高速的 140 多个卡口开始抓拍"开车玩手机"的违法行为。由于取证难度大，以往在高速公路上"开车玩手机"的查处量非常小，但上线新设备后，警方在短短 5 天内就抓拍 4000 多起。从图 6.4 可以看出，即使车辆在快速行驶中，摄像头抓拍的照片仍然十分清晰[91]。对"开车不系安全带"行为的查处亦是如此。

图 6.4 "开车玩手机"被抓拍的实景

随着技术不断进步，未来的人脸识别技术也可能被运用于此，由此实现"号牌 + 驾驶员"的人车对号、双重识别。我们不仅可以获知一辆车分别被哪些人驾驶过，还能获知一个人驾驶过哪些车辆。

说到这里，我们就要向前迈一步，回答一个更重要的问题：天网可以还原一辆车的轨迹，那一个人的轨迹呢？对摄像头而言，车过留牌、人过留面，号牌和人脸都是图像，没有区别，那我们可以根据天网的视频还原一个人在城市中的活动轨迹吗？

6.5 硬盘和眼药水为什么同时脱销

长期以来，人类对自身移动轨迹的研究极为有限。在进入信息社会之前，对人类大规模的、长时间的、完整的、连续的轨迹观测基本无法开展。如果真要追踪，只能依靠人盯人的人眼战术，或者是靠日记、访谈这种自我陈述的形式，描绘出一个人的活动轨迹。总之这个任务难度极大，没有靠谱的办法。

直到手机出现，这一状况才有了改变。手机要通话，就必须不断和基站之间产生信令交互。在广袤的大地上，基站是按蜂窝状来组网的，一个基站的覆盖范围大约为一个六边形子区，酷似蜂窝结构。每个基站都发出不同频段的信号，当用户从一个区域进入另一个区域时，手机就会从一个基站切换到另一个基站[8]。在此期间，如果进行通话、短信和开关机，都会被记录下来。一个基站覆盖的区域半径可能从数百米到数千米不等，为节约建设成本，通信部门会尽量扩大一个基站的覆盖范围。因此根据基站来定位，只能推测一个大致位置，其精度取决于其蜂窝区域的半径。准确地说，它只是圈定一个活动区域，无法确定具体的点位（见图 6.5）。

如果把基站定位和以图搜车两个方法结合起来，就可能发生"化学反应"。

2010 年福建漳浦出现了一个盗车团伙，延续数年屡打不绝。2012 年 1 月，当地再次发生盗车案。警方掌握被盗车辆特征后，通过以图搜车发现该车在当天 16:10 经某关卡驶往潮州方向，此后便失去了踪迹。警方又调取了该关卡所属基站 16:07—16:15 的所有通话记录，发现有一部可疑手机当

---

[8] 根据工业和信息化部披露的数据，截至 2019 年 6 月，我国已经建成移动通信基站 732 万个，其中 4G 基站 445 万个，拥有移动电话的用户达 15.9 亿（其中 4G 用户 12.3 亿）。

天多次和一个潮州号码通话，且在当天 15:00—17:00 的运动轨迹与被盗车辆的行驶轨迹非常吻合。警方通过将这两组数据叠加，最终锁定并抓获了嫌疑人。[92]

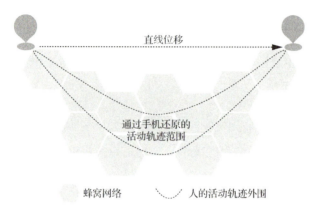

图 6.5　基于手机基站的定位方式只能粗略还原用户轨迹

▶ 延伸阅读

轨迹研究的意义不止于公共安全

　　对人流轨迹的研究和应用并不仅仅局限于监控、办案、抓嫌疑人。在城市空间中，人在不同地点的移动直接导致了交通网络上的各种复杂现象，如果掌握了人的移动规律，就可以调整交通设施、预防交通拥堵。此外，轨迹研究也是社会学家的热门课题，人的移动轨迹不仅记录了人的地理位置，还记录了人与社会的交互，反映了人们的生活与行为模式，乃至人与人之间的关系。有学者认为，看似随机无序的个体行为背后，事实上在时空位置上有高度的规律性，人类活动在空间位置上具有93%的可预测性[93]。

除了利用基站圈定活动范围，今天大部分智能手机都内置有 GPS 导航系统，或者能接入 Wi-Fi 信号。这两种方式都可以辅助定位，而且精度比基站定位高很多，可以达到分米级。但是，这些数据都需要在用户知情、同意并授权的情况下才可能采集。

这就是手机定位的软肋，控制权被牢牢掌握在被追踪人员的手中，机主只要关机，就可以切断信号的追踪。天网的作用因此凸显。"只要你在街头闲逛一两分钟，就会被高清摄像头扫到"，天网的拍摄是不以人的意愿为转移的。

英国是最早建设天网的国家，也是最早尝试在天网中使用人脸识别的国家。2005 年 7 月 7 日，英国伦敦的公交系统发生了一起爆炸事件，4 名受"基地"组织指派的英国人在伦敦的三辆地铁和一辆巴士上引爆自杀式炸弹，造成 52 人死亡，700 多人受伤，整个交通网络中断。伦敦一个地铁站里就安装有上百个摄像头，地铁站周边的街道上还有数百个摄像头，警方用人眼查看了数千小时的视频，终于在 5 天之后成功锁定了这 4 名嫌疑人。[94] 这是屏幕上的眼力战。

更大规模的眼力战发生在中国。2012 年 1 月，在南京的市场上，硬盘和眼药水突然连续几天同时脱销。没有人想到，这两种商品的脱销居然和一宗抢劫杀人案有关。这堪称中国治安史上的一个传奇。

2012 年 1 月 6 日，南京和燕路发生一起持枪抢劫案，一名歹徒枪击了一名刚走出银行的男子，抢走 20 万元现金。这宗案子立即让南京警方联想到一个人：公安部 A 级通缉犯周克华。他身负多条人命，被称为"杀人魔王"，并且已经在逃 8 年。

由于作案手法极为相似，警方认定周克华已经从外地潜入南京。在进行全城布控的同时，警方紧急调取各地监控视频，试图再现周克华的活动轨迹以进行围捕。

公安部门调取了案发前后全市所有的监控录像，把其内容复制到上千个硬盘中，分发给上千名警察，一天之内，南京警方就把市场上所有的硬盘都买光了。每名警察面前一台计算机，他们盯着一帧一帧的画面，用人眼甄别人脸。当眼睛疲劳酸胀时，就仰起头滴几滴眼药水，然后再接着看，只要人还没有抓到，新的视频就源源不断而来。

类似的脱销潮，其实在长沙也上演过。2009 年 12 月至 2011 年 6 月，周克华流窜到长沙，先后作案四起。匡政文，时任长沙市公安局视频侦查大队长回忆说，为了在视频中找出周克华的踪迹，全市 1000 多名民警在短短两个月内观看了近 300TB 的监控视频。每天晚上，匡政文一个人坐在办公室，他必须梳理每一天新产生的视频，只能紧盯屏幕反复观看，一遇到疑点、难点就逐一记录，每天睡眠不到三小时，第二天一起床，他就要赶去视频现场测量、查证。这样看了三个月，匡政文最后成功地在海量视频中捕捉到了周克华的正面清晰照，对案件侦破起到了重要的作用。

南京警方发现，至少在案发前 20 多天，周克华就已经到了南京并多次前往案发银行踩点；案发后，他在南京多条街道出现过，还在超市购买过生活用品，而且途中乘坐的都是公共汽车。然而，无论在南京还是长沙，当警方通过人眼搜索还原出周克华的活动轨迹时，他事实上已经从容离开，潜入了新的城市。

这样的人眼战争同样也在美国上演。2013 年 4 月 15 日下午，两枚炸弹先后在波士顿马拉松比赛的现场爆炸，造成 3 人死亡、183 人受伤。警方抵达现场时的第一反应就是调阅现场视频，试图通过图像拎出一条案情主线、发现嫌疑人。和南京周克华案不同的是，2013 年已经进入了热闹的社交媒体时代，爆炸发生时，成千上万的人正举着手机拍摄。警察除了要看天网的视频，还要查阅数以千计的热心群众提供的手机视频，因为很多人都声称看到了嫌疑人。

这些线索的梳理都要靠眼睛。波士顿警方立即成立了一个人眼小组，日夜观看视频。为了确认线索，其中一名警察反反复复地将同一段视频看了400 多遍[95]。配合现场目击者的指认，3 天之后，警方确认了嫌疑人，并在天网视频和群众提交的视频中成功截取到了嫌疑人的正面清晰照。

既然警方获得了嫌疑人的正面清晰照，那通过人脸识别算法，不是很快就能把嫌疑人从人口数据库中比对出来吗？事后警方也发现，两名嫌疑人都有当地的驾驶证，他们的照片就"躺"在警方的数据库里，但是，警方使用所谓的人脸识别软件找了半天，就是找不出人来，根本不管用。

无奈之下，警方使用了老套的方式：召开新闻发布会，公布嫌疑人照片，悬赏征集线索。最后，这两名嫌疑人（兄弟二人）的一名亲属认出了他们，提供了他们的名字和身份。

我们讲述了英、中、美三国的人眼搜索故事。这个时期的天网只有眼睛，没有大脑，最后只能靠人眼。今天的情形已经大不相同。虽然摄像头越来越多且产生的数据量更为庞大，但摄像头在快速联网，它们拍摄下的视频都被存储在云端，可以随时调用。这意味着，如果再出现一个周克华案，警方也不需要用硬盘拷贝、分发视频，几千名干警可以同时在云端观看。完全靠人眼对一帧一帧的画面进行甄别的做法也成了过去，人脸识别技术的准确率已经大幅提高。硬盘和眼药水不太可能再因为警察同时脱销了。

下面我们要问的是：如果一个人在城市中活动的轨迹可以被还原，未来的社会秩序将发生何种变化？大数据技术对于公共安全的终极意义又是什么？

6.6 无侥幸天下：大数据重建社会的安全和秩序

如图 6.6 所示，2018 年 8 月，据当地媒体报道，安徽阜阳的 4 个十字路口启用了行人闯红灯抓拍系统。如果有行人闯红灯，他的现场照片和部分个人信息会在路口的大屏幕上显示，交管部门还将通过人脸对接户籍信息，确认个人身份。北京、沈阳、宁波等地也启用了类似的系统。

图 6.6 阜阳"行人闯红灯抓拍系统"（王彪 / 人民图片）

这当然是动态识别，那为什么上述案件中若干年前安装在伦敦、波士顿的人脸识别不管用，而现今安装在阜阳等地的系统又取得了成功呢？这涉及人脸动态识别的两个关键问题。前文说到，交通卡口拍摄车辆的捕获率已经达到 99%，这属于静态识别，在技术上已经成熟，但动态识别的准确率就差得多，连评价的标准都难以定义。问题的根源在于环境的不可控，光线、角度的变化以及摄像头质量参差不齐，这些问题导致所抓取图片的质量有高有低，而最适合计算机识别的图片应该是正面、免冠、无表情的人脸。

由于行人过马路一般是径直向前走，大部分路口光线充沛、视野开阔，摄像头可以设置在最佳的高度和角度。可以说，闯红灯的场景介于静态环境和不可控制的动态环境中间，属于半控制的动态环境。

虽然是半控制环境，但可以肯定的是，目前的识别准确率距离 100% 还有相当大的差距。即使个别公司号称其产品静态识别达到 99% 的成功率，但在目标数据库很大的情况下，99% 和 99.5% 就可能相差很远，而一个城市，人口基数可能是几百万，深圳市人口总数甚至已经上千万，人脸比对的难度很大。也正是因为受限于准确率，各大城市的执法部门还不能依据这些结果直接处罚，所以采用了曝光这种教育式的做法。

当然，这种教育是有效的。据统计，行人引发的道路安全事故占全部事故的 16%，非机动车引发的道路安全事故占事故总数的 33.4%，我国已经有近百个城市在试点、采纳曝光行人过马路闯红灯的方案，以提高城市交通的文明水平。

提高动态识别准确率的关键，在于控制拍照的环境，这也给了技术人员新的启发。中美两国的警方都在设计开发新的产品，把人脸识别的功能嵌入移动警务设备当中，通过一线警察创造人为可控的环境，提高识别成功率。

如本书第一章所提及，2018 年 2 月，郑州铁路警方在全国铁路系统中率先使用了人脸比对警务眼镜，新闻报道说这款警务眼镜可以通过人脸筛查出旅客中的不法分子（见图 6.7）。[8]

注：左图为美国圣选戈警方用随身携带的人脸识别设备确认路人身份^[96]；右图为郑州铁路警
方使用的人脸比对警务眼镜和手持设备（宁坚／人民图片）。

图6.7　中美警方把人脸识别嵌入移动警务设备

　　这些设备为动态人脸识别增加了新的应用场景。未来的动态人脸识别，一是在街道上，警察可以拦住一个人，用人脸识别确定他的身份；二是在天网的监控中心，当人脸识别被整合进天网的每一个摄像头，当智能摄像头连接了云端的犯罪嫌疑人数据库时，就可以确认一个人的身份，再加上多个摄像头的联动，就可以还原一个人在城市中活动的轨迹。

　　笔者预计，未来的动态人脸识别将会非常普遍，人类将进入一个随时记录、随时抓取并随时比对的时代。回望照相机普及之初，政府要想采集一个人的人脸或者其他生物特征，大部分情况下都需要获得对方的同意和配合。更重要的是，这些数据的提取是一次性的、离散的。但如今已经大为不同，政府可以大规模地、持续地在公共场合获得一个人的照片，而且不需要经过当事人的同意，甚至在当事人不知情的情况下就能获得数据。这种能力，历史上的任何政府都不曾具备过。

　　2016年8月，轰动一时的甘肃白银案告破，嫌疑人高承勇被抓。他曾经在白银、包头等地强奸杀害11名女性，手段极其残暴凶狠。

　　而在茫茫人海中抓获高承勇，与DNA-Y染色体的分析技术有关。这种染色体是父系遗传的基因，据此可以圈定一个家族的谱系和范围。此前，警方多次锁定高承勇居住的区域，收集居民的相关数据，但高承勇都侥幸避开。最后警方获得了高承勇家族一名成员的数据，通过基因对比，发现其基因与案犯高度相似，于是逐步缩小了嫌疑人的范围，最后锁定了高承勇，在提取了高承勇的各种生理数据并进行对比之后，悬案终于真相大白。

纵观人类打击犯罪的历史，我们不得不承认，因为受限于侦察手段，正义常常迟到，甚至缺席。但随着大数据技术的普及，一切都在数据化，凡走过的，必留下数据，公安领域正在迎来一个巨大的变革时代。这其中，天网是关键入口，但天网不是全部。大数据触角已延伸至公共安全的各个领域，公安工作正在演变为一项以数据收集、分析为中心的工作。

2003年，杭州之江花园发生了一起入室抢劫杀人案，凶手连杀三人，随后潜逃，再无音信。这一年，华人神探、刑事鉴识专家李昌钰首次来杭，被问及这起血案，他也没有办法，只是说"只要时机到来，案子迟早会破"。

这话颇有无奈之感，但大家都没想到的是，所谓的"时机"并不是机缘巧合，而是技术的进步。

20世纪90年代，杭州警方开始普及"生物痕迹"的概念，引进了物证管理系统；2008年，标准化采集仪器"搜痕仪"在杭州地区的派出所得到普及，它可以收集记录人像、DNA、指纹、掌纹、足印以及鞋底式样等数据；2012年，这些信息开始向云端转移，形成"物证云"，任何一个嫌疑人的数据都可以在"云"中和其他数据进行大规模的比对（见图6.8）。

2015年9月，一名男性在诸暨一家面馆因为争吵抄刀砍人，当地警方因此提取了他的DNA等数据。在"物证云"的跨市数据比对中，杭州警方突然发现这名砍人的男性就是十几年前之江花园灭门案的凶手，这一点很快得到了确认。[97]

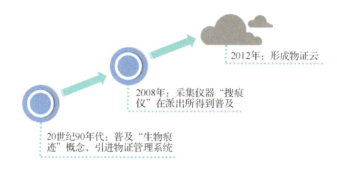

2012年：形成物证云

2008年：采集仪器"搜痕仪"在派出所得到普及

20世纪90年代：普及"生物痕迹"概念、引进物证管理系统

图6.8　浙江省已经联网的"物证云"：数据可以跨地区比对

你可以说这是偶然，但在技术普及之后，这就是必然。

类似白银、之江案件的告破，并不是个案，而是一个趋势，这个趋势不仅出现在中国，也出现在美国。2018年上半年，美国警方就破获了一宗几乎和白银案一模一样的陈年积案。

1975—1986年，美国加州出现了一名变态杀手，他至少涉嫌12起凶杀案、45起强奸案，被称为"金州杀手（Golden State Killer）"。[98]办案人员追踪他20多年，查对过数千名嫌疑人，但都无功而返。

2017年12月，加州的一名志愿者想到了一个新的办法，她把已经掌握的案犯DNA上传至一个寻亲网站GEDmatch，这个网站能够分析上传的基因数据，为人寻亲溯祖、找到失散的家庭成员提供线索。果然，警察真的找到了一个和案犯DNA部分匹配的人。而这个人，正是案犯的远亲。凭借这个重要的发现，警方将嫌疑人的范围从上百万人缩小至一个家族。在逐一排查之后，警方最终认定，已经72岁的迪安吉洛为"金州杀手"。2018年4月，迪安吉洛被绳之以法。

在没有数据的时代，一个人的经历无从查起；在小数据时代，人们的经历有选择性地变成了纸质档案，但依然沉睡在档案馆中；如今，人们几乎每做一件事都会被数据记录，事事有迹可循，一切数据皆存储于云端，无论经过多久也不会消失，任何蛛丝马迹通过数据都可以得到分析和整合。

数据孤立时，个人的不同行为也是孤立的，一个人如果擅长易容术，就可以人前一个模样、人后一个模样；而数据一旦联通，各种行为就可以彼此相联系、互相印证。数据如同探测器，通过"不正常"的数据，我们可以揭示其背后的非法行为。

数据即证据，就此而言，用好大数据，我们将迈入一个更加安全的时代。

据统计，全国公安机关命案现案破案率已经连续 5 年超过 95%。2016年，全国严重暴力犯罪案件比 2012 年下降 43%。2017 年 8 月，浙江省政府召开新闻发布会，宣布近两年来，全省命案破案率保持在 99% 以上；2017 年上半年，全省治安案件数和刑事案件发案数分别同比下降 7.76% 和28.59%。笔者的公安朋友是这样说的："大数据和新技术太厉害了，我们现在是有案必破，破积案、等案破、没案破。"曾经，地球的一半时间都笼罩在没有光的黑夜里。日落之后，流氓歹徒就像野兽一样出来寻找猎物。英国著名的哲学家霍布斯（Thomas Hobbes，1588—1679）曾经在自己的作品中说，他最害怕的，就是晚上一个人独自躺在床上。他不是害怕鬼怪，而是害怕有人仅仅为了一点钱，就破门而入砸了他的脑袋。黑夜为犯罪提供了掩护，人性中的恶和侥幸心理会集中在黑夜爆发。意大利有一句谚语说："在夜晚，猫会变成豹。"历史数据也证明，在没有电的时代，如果城市夜间行人的数量增加，那么城市的犯罪率也会随之上升，75% 以上的偷盗都发生在夜间。

19 世纪初，欧洲人发明了煤气路灯，这成了人类治安史上意义深远的事件。1823 年，4 万盏煤气路灯照亮了伦敦 300 多千米的街道，巴黎、柏林、波士顿等城市纷纷仿效，煤气路灯风靡一时。当城市里偶发骚乱，煤气路灯也成为流氓首先攻击的设施。著名作家简·奥斯汀（Jane Austen，1775—1817）在她的作品里这样评价："近 1000 年以来，英国没有哪一种东西在预防犯罪方面所起的作用能和煤气路灯相比"。[9]

19 世纪 80 年代，美国的爱迪生改进了电灯，在纽约市建立了世界上第一个供电系统，从此电在城市中快速得到了普及。电给城市带来了稳定的、持续的光亮，在太阳这盏"灯"过后，还有别的灯照亮黑暗，黑夜和白昼的区别仅仅在于照明方式的不同。社会学家发现，随着一个城市照明状况的改善，该地区的犯罪率会有明显的下降，或者说照明率直接影响了犯罪率。其中的道理是不言而喻的，罪恶总是借着黑暗的掩护发生。今天的数据有同样之功效，无处不在的摄像头，快速有效整合的数据，它们无异于一种新的"光"，照向人性的幽暗之处，清除人类的侥幸心理。在这新的光芒中，数据正在重建社会的安全和秩序，催生出一个更加安全、无侥幸的中国社会。

---

[9]　见简·奥斯汀的残篇《桑迪顿》（*Sanditon*，也译为三地顿），作者于 1817 年开始创作但并未最终完成。

第七章

数据造梦：
为金融业挖出一座"金矿"

我们要抓住完善金融服务、防范金融风险这个重点，推动金融业高质量发展。

——习近平总书记主持中共中央政治局第十三次集体学习时的讲话[99]

在新经济时代，网络化和数据化成为新的特征。如今，你几乎很难找到一家"传统"的金融公司，金融与大数据的交叉融合显得那么顺理成章且合乎情理，已成为不可阻挡的趋势。

没有生产线，没有物流仓库，没有仪器设备，金融业本身就是数据生产、存储、处理和传输的集合，它与大数据有着与生俱来的天然匹配。作为金融业的"三驾马车"，商业银行、证券公司还有保险公司，都依赖于实时运行的各种类型的业务交易系统，它们无时无刻不在产生和处理数据。与此同时，近年来涌现出的大量金融服务和金融监管创新，其背后也都有着海量数据作为分析和决策的支撑。

金融业得到大数据的持续赋能，有助于其实现精准营销和风险规避，从而带来更优的经营绩效和更高的运营效率。而以阿里巴巴、腾讯等为代表的新兴互联网企业也正趁机逐步向金融业渗透，用数据造梦，挖出了一座又一座"金矿"。

7.1　点石成金：余额宝背后的大数据故事

神秘项目诞生记[100]

时间回到 2013 年，5 月的杭州，暴雨和闷热天气开始频频造访。在黄龙时代广场的支付宝大楼里有个叫"春秋书院"的项目室，一群年轻人在紧张而又兴奋地忙碌着，这是一个内部称为"2 号项目"的保密项目。该项目的旺旺交流群签名上写着"2013 支付宝秘密武器"。这个只有代号没有名字的神秘项目，就是后来的余额宝。

那么余额宝的业务背景是什么呢？它与传统的银行理财项目之间有哪些

本质差异呢？由此引发的对 IT 系统建设的需求又是什么？有哪些非同一般的技术难点需要攻克？下文将层层抽丝剥茧，解答上述疑问。

余额宝实际上是一种余额增值服务，把钱转入余额宝相当于购买了由特定基金管理公司（天弘公司）提供的一款货币基金，由此可获得一定的收益，收益率可能会高于一年定期存款利率；同时，申购和赎回没有手续费，转入门槛低至 1 元钱，余额宝内的资金还能随时用于网购消费和转账。这是一个从来没有人做过，也没有人知道该如何做的创新业务。

面对支付宝巨大的用户群体、天文数字的清算笔数和 7×24 小时不间断的服务能力需求，如何让余额宝系统支持"千万级"甚至"亿级"用户的系统容量，如何实现基金的清算和直销系统融合，成为余额宝团队面临的第一个技术难题，这是传统金融行业建设思路与互联网技术路线的第一次冲突。经讨论后，团队决定在一期项目建设中以较成熟的传统金融技术路线为主[①]，使用高端硬件设备，提高系统的整体容量和性能以满足创新业务的需求。

云计算与大数据发威

2013 年 6 月 13 日，余额宝正式上线，没过多久，市场就带来了第一个"惊喜"：业务量暴增。在上线后数分钟内，用户数激增至 18 万；而到 6 月 18 日 21:30，用户数突破 100 万大关；截至当月月末，用户数更是飙升至创纪录的 251.56 万。

惊喜的同时，爆发式的业务增长也给数据库负荷和响应速度带来了前

---

① 余额宝一期建设，选用金证科技的 KCBP/KCXP 做集群，基础架构采用传统的 IBM/Oracle/EMC 的方案（IOE 的基础架构）。为了减少直销系统与登记结算系统的数据传输延迟，余额宝决定让两个系统使用同一套数据库架构。

所未有的冲击。与余额宝业务的持续高歌猛进形成鲜明对比的是，实时请求的响应时间在变长，系统的清算时间由最初的半小时逐渐变成 1 小时、2 小时、4 小时、8 小时。然而，技术架构人员的噩梦还未结束，随着"双十一"的临近，支付宝希望拉余额宝一同参与大促活动。支付宝对天弘公司提出的要求主要包括如下两条：实时请求响应要达到每秒 1000 笔以上；清算系统要能够支持单日 3 亿笔交易清算，且清算时间要能控制在 150 分钟以内。

面对这样几近"变态"的苛刻要求，系统扩容势在必行。然而，如果依然使用原有 IOE 架构，要达到预定目标，仅仅硬件设备采购及中间件的许可费用就达到了数千万元。传统的路线走不通，就要找新的方法。经过慎重思考，余额宝决定通过云计算和大数据来解决新的问题。

使用云计算与大数据技术支撑当时国内最大的基金直销与清算系统，是一项前无古人的工程。余额宝二期系统经过两个多月的封闭式开发，于 2013 年 9 月 26 日正式上线。二期系统上线后，前一天使用一期系统需要 8 小时完成的清算工作只用了不到半小时就完成了；更让人惊喜的是，余额宝首次参加双十一活动，当天就完成赎回 1679 万笔，申购清算 1288 万笔，系统为 639 万用户提供了服务，处理消费赎回金额达到 61.25 亿元，转入申购金额达到 119.97 亿元，而完成所有的这些清算工作，系统只用了 46 分钟！

数据价值"挖掘机"

余额宝业务的推出，在国内货币市场和金融业界一石激起千层浪。上线短短六天，余额宝就收获了超过 100 万的用户。而据 2019 年 3 月 27 日发布的天弘余额宝基金年报显示，余额宝用户已经超过了 5.8 亿，相当于三分之一以上的中国人在使用余额宝。余额宝成立五年多来，平均每天为用户赚 1 亿，它不仅改变了用户的理财习惯，也对银行业产生了深远的影响，让中国的金融创新走在了世界前列。而这一切的背后，都有着大数据的影子。

天弘基金原本只是一家名不见经传的小基金公司，2010—2012 年，天弘基金连续三年亏损，其崛起的关键就是引入了大数据，将阿里巴巴平台上的海量数据应用于金融领域。与其说余额宝引领了一场互联网金融的创新浪潮，还不如说是云计算与大数据催生了余额宝和这场浪潮。就余额宝而言，大数据究竟改变了什么？这些改变背后的驱动力又是什么？值得我们去探究。

以余额宝为代表的低风险现金管理工具的这一波创新，表面上是用户资金的"蚂蚁搬家"，本质上则是互联网巨头们利用大数据与人工智能技术对用户价值的深度挖掘。余额宝的出现，是阿里巴巴集团数十年电子商务数据（含相关支付数据）积累的结果。它掌握了数以亿计用户的个人数据，通过对这些数据的分析挖掘，可以很好地预判用户的违约概率等关键特征。

某种意义上，可以说正是这些事实上的"网络版央行征信"般的数据，为余额宝的业务发展提供了基本条件，同时也降低了做小额贷款和信用卡业务的门槛。例如，阿里巴巴集团将用户购物、支付、转账等数据提供给余额宝，余额宝的数据分析师们通过对这些数据的深度分析，可以更好地预估未来一定期限内赎回资金的规模，从而更好地安排货币基金的流动性；更进一步，还可以对用户的特征进行分析，如用户年龄、地域、浏览行为、搜索习惯、交易频率等，可以更好地应对申购赎回，同时还可以对资金进行效益最高的期限配置。

其实，余额宝二期系统已经不能称为传统意义上的直销和清算系统了，它更像一台"数据挖掘机"，将每时每刻沉淀在余额宝数据库里的海量用户交易数据收集存储并加以利用。那么问题来了，如何存储这些数据？如何使用这些数据？如何才能让这些数据产生最大的价值？

在数据存储技术方面余额宝选择的是阿里云提供的开放数据处理服务（简称 ODPS）大数据平台。通过这个平台，余额宝汇集了自身业务数据、阿里巴巴集团的电商数据和蚂蚁金服集团的支付数据，可用的基础数据维度超过二十个。

在数据使用方面，通过对用户数据的挖掘，可以分析一个人的生命周期，如出生、上学、工作和结婚等；甚至可以还原一个人的历史轨迹，比如每天走哪条路上下班，到哪里购物，经常看哪类电影，在哪里扫码买过早餐等。具体到金融产品，通过数据挖掘，可以分析用户的财富流动，了解他与外界的金钱往来，掌握他的地理位置与人际关系网络，从而揭示其用户属性和消费行为。基于专业的隐私保护机制，经过信息的授权、过滤和脱敏，可以将用户的交易数据、支付数据、理财数据都变成标签，比如男性、白领、未婚、25 岁、IT 工程师和小额网贷优质客户……这就是大数据在金融领域的价值所在，基于这些数据可以创造很多新的需求。在 2014 年中国互联网大会上，支付宝国内事业群运营部总经理范驰指出："余额宝的成功要素之一是通过大数据管理 1 亿用户的流动性"[101]。

7.2 技术升维：大数据风控破壳而出

数据驱动之下的金融业，催生了众多的金融业务创新。大数据风控，就是近年来最热的名词之一。

风险管理一直是金融机构中"越老越吃香"的岗位之一，但近年来，风控专员等风险管理相关岗位的员工却感受到了前所未有的压力与挑战。小王（化名）是金融老兵，从事过 2 年普通贷款的信贷审批，3 年购房贷款的审批，做风控管理已有 5 年多时间，但他在年前失业了。穿着笔挺的西服，在上海张江高科技园区的某个星巴克内，他像喝啤酒一样猛灌一口咖啡后说道，数据分析系统正在取代传统的风控模式，再用传统的方式做风控已经不行了。

随着普惠金融时代到来，借款客户下沉，传统风控成本高、效率低、速度慢、维度单一等问题越来越突出。与此同时，大数据对信用系统的覆盖却越来越广，大数据风控破壳而出。

在新的时代背景下，对金融机构来说，大数据风控已经成为横跨信贷、保险等场景的通用业务流程，成为普惠金融服务的重要环节。在最新的"中国金融科技创新企业估值榜"[102] 中，大数据风控公司占比超过一半，数量达到 32 家。仅以其中第二名的京东金融为例，该公司有3000 多名员工担任风控和大数据相关岗位，占员工总数的比例超过五分之三。与传统业务相比，大数据风控人工参与度低、效率高。以小额消费贷款为例，传统的信贷员一天最多审核 50 单，而大数据风控全程自动化，计算机几乎不用休息，审批数量理论上几乎没有上限。据了解，很多互联网金融平台的风控自动化水平非常高，不少都在 80% 以上，而贷前的信用评估、防欺诈等环节，更是已经实现 100% 模型决策。笔者接触过一个互联网金融公司的风控团队，规模约为 50 人，基本全部为数据相关岗位人员，他们的主要工作为数据清洗、模型优化等。可以这样说，经过多年的信息化积累，金融业风险控制流程中留给人工的部分已经不多了。

那么，大数据风控究竟为何这么厉害，它背后的技术支撑是什么？

顾名思义，大数据风控就是将海量的多维度数据输入模型，由计算机系统自动判别借款资信状况。大数据风控核心在于模型，尤其是变量特征，将输入的数据做成成百上千的变量，用于交叉检验。这就好比如果一个人说了谎，就需要不断地编织谎言去圆，但在大数据面前，这种谎言很快就会无所遁形，很容易被识别出来。

如果说模型是大数据风控的核心，那么数据，尤其是海量的数据，则是大数据风控的动力来源。目前可用于风控模型的数据主要掌握在互联网平台企业、金融监管部门、国有大型银行手中，数据流通不畅，这对大数据风控在更大范围、更高层次发挥作用其实是不利的。

▶ 延伸阅读

上海信数金融信息服务有限公司信用风险评估模块实现原理

图 7.1 所示的模块可以有效汇集多渠道、多维度和多种类的海量数据，形成数据产品。对于金融机构来说，该模块可以用于授信模型建立、贷款用户信用风险自动识别和还款能力评估等方面，进而实现贷前审核自动化，优化征信审核决策流程，降低总体成本，提高贷款效率。

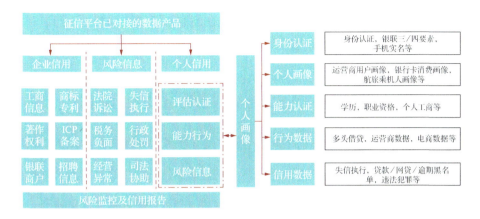

图 7.1　信用风险评估模块实现原理（图片来源：上海信数金融信息服务有限公司）

涉及大数据风控的企业很多，各有特色、各显神通，既有大型互联网公司和国有金融机构的相关部门与团队，也有专门聚焦大数据风控的专业公司。

从商业层面来说，大数据风控已进入 2.0 阶段，由最初的反欺诈、信用评分等环节向全产业链衍生，如大数据技术在营销获客、贷后催收等环节的应用。业内企业都已推出各具特色的涵盖贷前、贷中和贷后的全生命周期服务。

从技术层面来说，未来大数据风控技术将主要着眼于融合其他新技术来提升风控效果，如云计算技术、人工智能技术和物联网技术等。其中，大数据与云计算技术结合，可以建立金融云平台，提高金融机构的数据处理能力，更快地响应需求，提高风控系统的响应速度。通过物联网技术中的各种新型传感设备可以采集更多过去难以采集到的数据，进一步丰富数据维度，如车联网数据可以丰富车险企业进行驾驶行为分析的数据维度，从而实现风险定价。大数据与人工智能的融合和优化，可以极大地提升数据风控的效果，如半监督学习^②等新的人工智能技术在反欺诈等风控场景中，可以有效降低对数据和专家经验的依赖。

7.3 火眼金睛：大数据金融监管走上舞台

《中国金融科技发展报告（2017）》显示，我国的金融科技应用水平已在一定程度上超过美国，正在成为全球最大的金融科技应用市场。然而科技创新对金融的影响是双方面的，一方面推进了金融服务在效率和质量上的提升；另一方面，金融黑产也如影随形，需要更强大的技术工具去实现有效监管。例如余额宝的出现有力地带动了互联网金融行业的发展，但随之也出现了 P2P（个人对个人）网贷行业整体过热的情况。在这种新的历史背景下，传统的金融监管方法已经难以满足需要，监管升级已成为金融产业链的关键环节。

银监会 EAST 系统让银行监管体系更健壮

随着金融服务方式的变化，金融监管机构的监管方式也在变化，其中最大的变化表现在大数据金融监管领域。目前我国金融监管机构在大数据金融监管方面处于全球领先方阵，并在收集金融机构数据的方式与技术方面不断优化。

以银行业为例，银监会自主开发的检查分析系统（Examination & Analysis System Technology，后文简称 EAST 系统）已经成为我国监管机构的火眼金睛。EAST 系统的成长经历了三个阶段。第一阶段是 2008—2013 年，系统在银监会内部得到有效应用，极大地提升了检查效率和监管

---

② 半监督学习 (Semi-Supervised Learning，SSL) 是使用大量的未标记数据，并同时使用标记数据来进行模式识别工作。使用半监督学习时，可以尽量少投入人工工作，同时又能够带来比较高的准确性。

水平，基本做到了"逢查必用"。第二阶段是 2013—2017 年，2013 年是我国金融大数据监管从萌芽走向成熟的重要时间节点，经过 2013 年全年的推广普及，EAST 系统在全国 36 家银监局和 300 余家银监分局得到普及应用。到 2013 年末，系统在线生产数据达到 25 097.99TB，在线总存储量 50 155.28TB。可以说，相比国内大多数行业，银行业较早地进入了大数据监管时代。此后 EAST 系统进入一个相对低调的发展期。第三阶段为 2017 年至今。2017 年 3 月 30 日，中国银监会下发了《银行业金融机构监管数据标准化规范》，并要求金融机构自 2017 年 7 月 1 日起正式执行[③]。银监会期望通过强化 EAST 系统的数据收集能力，督促银行业金融机构加强数据治理、提升风险防范能力和公司治理水平，进而增强金融监管机构对系统性、区域性风险的识别监测能力。截至 2017 年 6 月底，EAST 系统在全国范围内共采集监管标准化数据 934TB，积累各类监管数据模型上万个，涉及 2675 家银行业金融机构，范围覆盖全部商业银行和 85.5% 的银行业金融机构资产。其中按日采集的有 500 家法人机构，按周采集的有 164 家，按月采集的有 1574 家[④]。自此 EAST 系统进入了 3.0 时代。

对商业银行数据结构的分析整理是 EAST 系统成功的关键环节，EAST 系统使监管数据实现了标准化。系统在 1+N 可扩展架构的基础上，针对银行会计、交易、管理三个维度的原始数据，通过合并同类项式的逐笔采集，让数据标准化的过程贯穿数据采集的过程。图 7.2 所示为 EAST 系统针对存

---

③ EAST 系统功能主要包括：1）对违规问题的精确制导；2）对业务流程的全面梳理；3）对专项风险的深度分析；4）对业务风险的持续检查；5）对风险模型的尝试建设；6）对检查实施的规范管理。

④ 数据来源于银监会信科部人员在 2017 年中国银行业信息科技年会上的发言。

款业务风险的分析功能界面之一，展示了工商银行总行的企业存款子科目的变化情况⑤。这样能有效杜绝"数出多门""一标各表"和"一数各述"⑥等数据治理乱象，并有利于金融机构及时发现自身存在的一些数据规范方面的问题，如业务流程设置不合理、关键风险指标缺失、数据冗余和数据孤岛等。

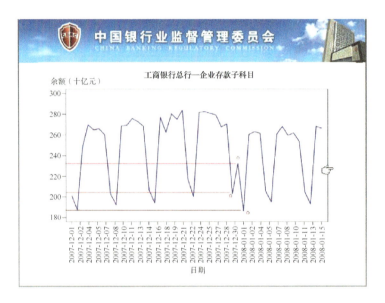

图 7.2　EAST 系统针对存款业务风险的分析功能界面截图（图片来源：EAST 系统）

　　EAST 系统的普及应用改变了银行业监管的模式，让我国的金融监管迈入了大数据监管时代。EAST 系统的应用让大量检查工作实现了自动化和智能化，由过去的抽查转向全面筛查，由过去的事中检查转向事前预防，由过去的现场检查为主转向网络离场检查方式为主。在 EAST 3.0 框架下，监

⑤　监管的标准化数据，包括公共信息、客户信息、交易对手信息（对手、担保等）、资金业务数据（投资、同业、交易等，包括银行账户与交易账户）、理财业务数据、银行卡业务数据、授信业务数据、会计记账信息和交易流水信息等。

⑥　"数出多门"，即统计数据来源于多个入口（部门）；"一标各表"，即同一个监管数据标准有各自不同的表述；"一数各述"，即同一个数据有各自不同的表述。

管机构和被监管机构不再仅仅是检查与被检查的关系。通过监管经验的模型化，可以实现知识的积累和快速共享，让 EAST 系统成为业务与科技之间、监管和被监管机构之间联动的桥梁，这能够全面提升银行业金融机构的管理水平和对外服务的质量。

　　银监会 EAST 系统在数据采集、监管数据模型积累和内部信息共享等方面取得了骄人的成绩，但仍存在进一步提升的空间。例如，系统在打破内部信息壁垒的同时却形成了自下而上的数据烟囱，一定程度上增加了金融监管数据与同级的工商、税务、公安和司法等部门数据之间实现共享的难度，这就需要建立起跨行业、跨部门和跨层级的数据共享体系和多部门协同的立体监管体系。

腾讯灵鲲揪出隐匿的网络黑产

　　灵鲲是腾讯安全自研的金融安全大数据平台。"腾讯养了一条鱼，名叫灵鲲，专门保护钱的安全，它拥有的能力，就像搜寻毒品的缉毒犬，可以在互联网的大数据海洋中，嗅出各类金融犯罪的气味，并及时发出预警。"这是腾讯微信公众号上对"腾讯灵鲲"的介绍。⑦

　　2019 年 4 月，古城西安破获了一起涉案金额近亿元的非法销售虚拟货币大案，而破案的线索就来自灵鲲向有关部门及时发出的预警。灵鲲提供了大量隐藏在网络空间中的证据链。这家名叫"消费时代"的网络平台，一面利用"区块链"概念销售虚拟货币，一面又非法操控其价格涨幅，通过非法手段牟取暴利。平台上线仅仅 18 天，注册会员就有 1.3 万余人，分布在

---

⑦　腾讯灵鲲，是腾讯安全反诈骗实验室研发的金融安全产品"灵鲲金融安全大数据平台"的简称，负责应对和解决非法集资、金融传销、骗贷和黑中介等金融机构及用户深恶痛绝的问题。

全国 31 个省（区、市），涉案金额近亿元，给金融市场稳定造成了极大的破坏。

那么，灵鲲是怎么做到嗅觉灵敏、打早打小并从源头上解决问题的呢？它是从计算能力、数据和算法三个方面武装自己，升级自身能力从而解决问题的。

计算能力方面，灵鲲基于腾讯 SaaS（软件即服务）的接口调用在 50 毫秒级别，非常好地满足了大数据计算的需求。

数据方面，灵鲲拥有多个来源的海量黑产数据，为实现智能识别黑产、进而保护金融消费者提供了可靠的保障。灵鲲的数据来源除了微信和 QQ 等平台的海量社交数据，还包括腾讯安全团队与网络黑产势力十多年对抗经验的沉淀与积累。数据内容除了拥有 19 年攻防经验的 QQ 等场景的攻防数据，还包括亿级的黑产设备、黑产工具和黑产轨迹数据等。总的来说，灵鲲的数据内容多样、来源多元，与同类系统相比，拥有独特的优势。

算法方面，灵鲲主要将重心放在金融黑产识别和涉众金融风险预警两个领域。在金融黑产识别领域，灵鲲建立了从行为监测、数据分析到结果判定的全流程管理，在有效的数据源管理的基础上，通过对金融犯罪样本的深度分析，构建各种反作恶算法模型和相应的决策引擎，实现对金融风险的自动识别。灵鲲还提供了一套有效的数据化、可视化方法，搭建了从数据源管理到风险展示的完整系统架构，让网络黑产暴露在阳光下。在非法集资和涉众金融风险预警领域，灵鲲主要以多源数据融合、多维度信息关联、基于知识图谱的平台风险指数计算和涉众人数增长异常预警等核心技术为基础，对互联网上活跃的金融平台与服务进行全面的监测，进而利用相关算法计算风险指数，实现早期预警，炼就发现非法集资和涉众金融风险的"火眼金睛"，将金融风险消灭在萌芽状态。

拓尔思的"冒烟指数"预警非法集资事件

除了腾讯的灵鲲之外，许多科技公司也有成熟的产品，如拓尔思旗下金信网银的"大数据监测预警金融风险平台"。

大数据监测预警金融风险平台以大数据、云计算为技术支撑，构建针对5 个领域、17 个行业的分析模型。其核心功能是"冒烟指数"的计算，该指数包括 5 个主要维度，即合规性指数、收益率偏离指数、投诉举报指数、传播力指数和特征词命中指数。5 个维度共包含 18 个数据项，具体如图 7.3所示。该指数主要用于综合分析监控对象非法集资风险相关度，在当前网络非法集资规模不断增大，犯罪手段越来越隐蔽化、多样化的复杂情况下，可以有效实现对非法集资事件的事前预测，能够有效防止较大规模非法集资事件的发生。

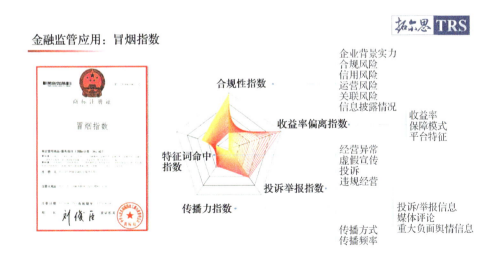

图 7.3　拓尔思的大数据监测预警金融风险平台功能之一，"冒烟指数"（图片来源：拓尔思）

在应用效果方面，拓尔思的"冒烟指数"成效显著。据历史统计数据显示，截至 2017 年 10 月底，该平台已对 100 余万家企业进行了常态监测，主动识别风险企业 800 余家，其中冒烟指数大于等于 60 分的有 46 家，通过调查发现这些企业均不同程度存在涉嫌违规经营、涉嫌传销与诈骗等行为。实践证明该平台在金融风险监测预警、风险排查等方面能发挥重要作用。

7.4 数据信托：一个全新的大数据金融产品

数据能否作为资产创造价值？信托公司能否利用其独特优势创造出独特的数据信托产品？答案是肯定的，而且这是一个很有意义的探索。

前文谈到的都是大数据在金融行业的应用。而大数据改变金融，其内涵并不局限于此，还有一种更深层次的改变，即通过金融产品创新来为数据流通服务，将数据资产做成金融产品，利用金融产品的优势来整合企业的数据资源，盘活企业的数据资产，进而实现数据的价值。

中航信托是信托行业的创新先驱之一。早在 2016 年 9 月，中航信托就率先发行了首单基于数据资产的信托产品，总规模为 3000 万元，是第一家将数据做成金融产品的信托公司，也是业内第一家明确提出"数据是一种资产"的公司。

数据信托，就是委托人将其所拥有的数据资产作为信托财产设立信托。受托人按照委托人意愿聘用专业服务商对数据进行专业管理与运营，通过数据的运营所产生的增值收益作为信托利益，用于分配给信托投资者；而委托人则通过信托收益权转让的方式获取现金对价，以信托财产的方式实现数据资产的价值变现。

数据信托是个新事物，是一个跨界金融产品。中航信托股份有限公司董事长姚江涛表示，中航信托之所以率先提出数据信托这个概念，是因为公司在对数据信托的商业模式进行探索的过程中，逐渐认识到能够借助信托优势来更容易地发现和实现数据的价值。探究其根源，是因为大数据的商业使用要求与信托财产的独立性和安全性具有天然契合性。数据资产的特殊性在于：个体数据所有者、数据的控制者和数据利益的享有者之间存在相互分离的现象。这种分离，使数据资产的各项权能安排可以通过信托财产制度得以有效落实，也就是说，数据资产成为信托财产不仅具有合理性，更具有可操作性。

通过数据信托，既可以有效解决数据资产的授权使用问题，又可以对数据资产的收益作出合理安排。利用数据资产设立信托的商业模式如图 7.4 所示。根据委托人所承担角色的不同，委托人可分为数据生产商和数据运营商两种，前者是委托自身产生的数据，后者是委托非自身产生但合法取得的数据。数据生产商可以通过设立信托，将其所属的核心数据资产作为信托财产；数据运营商基于合法途径取得对数据的控制和使用权，即可将这部分数据资产作为信托财产设立信托。

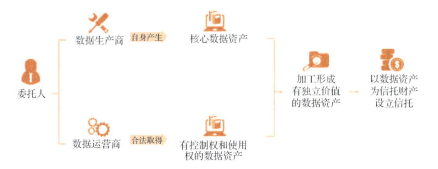

图 7.4 利用数据资产设立信托的商业模式（资料来源：中航信托研发与产品创新部）

数据信托还是一个处于萌芽状态的产品，在商业模式设计、数据权属的法律界定、数据定价方法等方面还需要更深入的探讨和更多有益的实践。

7.5　浪潮席卷：一个无可限量的市场

随着大数据技术的日益进步，金融与大数据的交叉融合已成为不可阻挡的趋势。除了前文所述的金融服务创新、风控、金融监管和金融产品创新等方面，大数据与金融行业的融合几乎无处不在。金融大数据已席卷传统的银行、证券、保险三驾马车和新兴的互联网金融、微支付等诸多领域，在大量具体业务中得到日益广泛的应用，催生出大量的创新案例，促进了金融业的健康发展，也讲出了跨越式发展的中国故事。

在金融大数据席卷一切的同时，金融大数据的发展也面临着许多困难和阻碍，如信息孤岛现象严重、数据流通不畅和数据整合难度大等。但瑕不掩瑜，相比其他行业来说，我国金融行业的大数据技术应用处于领先水平，已基本完成业务系统信息化和原始的数据积累工作，目前正在从以数据采集自动化与业务信息化为特征的初级阶段向更高阶段转型升级。高级阶段的特征主要表现为数据的共享利用和复杂算法的应用等，在具体应用领域上将表现在利用大数据加强风险管控、促进精细化管理和支持服务创新等方面。

大数据在加强风险管控、促进精细化管理和支持服务创新等方面具有很强的现实意义。

其一，大数据加强风险管控。大数据对加强金融监管具有决定性的作用，在新的技术与时代背景下，大数据及相关技术是金融监管不可或缺的因素，它能够加强风险的可审性和管理力度。

其二，大数据促进精细化管理。在移动互联网时代，传统的管理方式已经难以满足个性化和动态性管理的需要，大数据将推动金融进入精细化管理的时代。此外，利率市场化改革也会对银行业提出精细化管理的新要求。

其三，大数据支持服务创新。传统的服务创新大多基于渠道和促销来展开，而较少考虑"以客户为中心"的理念。通过对客户消费行为模式的分析，金融机构可以有效提高客户的转化率和忠诚度，借助大数据有效把握客户的需求，从而更好地了解客户、创新服务。

当前，金融业正处于业务转型的关键时期，风险与机遇并存。随着大数据助力金融业逐步完成转型升级，数据价值将越来越多地得到认可，尤其是在基于数据的服务创新和内部管理优化方面。金融行业的大数据应用将迎来开花结果期，在未来几年，其市场规模将以高于整体水平的速度增长。据前瞻产业研究院发布的《金融大数据行业报告》预估，2017—2022 年，金融行业大数据应用市场规模年均复合增长率为 55.21%，到 2022 年，中国金融行业大数据应用市场规模将达到 497 亿元，具体数据如图 7.5 所示。

图 7.5　2017—2022 年中国金融行业大数据应用市场规模
（资料来源：前瞻产业研究院《金融大数据行业报告》）

　　未来，大数据与金融的结合将更加具体到不同的细分领域，会与这些细分场景紧密融合，如信贷、支付和保险等。以信贷场景为例，大数据不仅在风控环节发挥作用，还会在贷前、贷中和贷后的全流程都与原有业务深度融合。依靠更精细的全域用户画像，大数据在获客、反欺诈、风险定价等环节都将得到商业化的机会，这也将大幅提升相关细分行业的经济效率。再如支付场景，移动支付和微支付都离不开大数据的支撑，大数据及相关技术会在电子身份认证、小额消费贷款发放等环节发挥关键性作用。

　　当大数据在信贷场景和支付场景的渗透率达到一定水平后，下一个爆点可能是保险场景。相对银行来说，保险行业的 IT 基础设施与大数据应用水平较为落后，但随着银监会和保监会合并成为银保监会，在大数据应用方面，保险行业将会迎头赶上。与此对应的是，2018 年保险领域的投资重点已经从销售转向大数据，一批保险大数据公司先后获得融资，如众安在线旗下的众安科技。与此同时部分信贷、支付等成熟场景下的大数据公司也在悄悄向保险场景渗透，期望实现网络版的混业经营，如百融金服已从原本深耕的信贷大数据场景横跨至保险场景。可以预见，未来十年内，大数据将以愈加迅猛的速度渗透至金融业的各个角落，掀起一轮新的革命浪潮，一个无可限量的金融大数据市场正日趋成熟。

第八章

撬动商业：
新"规模经济"，数最懂你

世界经济数字化转型是大势所趋，新的工业革命将深刻重塑人类社会。

——国家主席习近平在 2018 年二十国集团领导人第十三次峰会第一阶段
会议上的讲话[103]

不知道你是否有过这样的体验：当我们在购物网站上浏览某类商品时，网站还会给我们推介与之相关的商品；而如果我们这次只是浏览而没有购买，等我们下次登录时又会收到与上次浏览相关的推荐。有的时候我们不得不感叹这些购物网站真的比我们自己还"了解"我们，不仅能发现我们当下的需求，甚至还会引导和创造出我们的潜在需求。

现实生活中，我们不仅会在网上购物，还会去线下的实体店进行消费。在这个万物互联的大数据时代，我们的一切行为都可以被数据化，消费行为也不例外。换言之，无论我们的消费发生在线下还是线上，作为消费者，我们都在为商家贡献着数据。

每一个消费者在消费的过程中留下数据，就会形成商业大数据，而商家收集并分析顾客留下的消费数据则能够更好地发现顾客需求并研发产品。相关数据显示，海澜之家 2017 年上半年在天猫男装排行榜位列第二，旗下近千家实体店已与天猫全渠道①打通，全渠道成交占比超过 10%。图 8.1 所示为海澜之家某门店照片。海澜之家在服装行业的关店潮中实现了逆势增长，这是如何做到的呢？[104]

海澜之家在 2017 年宣布其旗下的 5000 余家实体店将利用天猫的新零售解决方案全面转型为"智慧门店"，与天猫围绕新零售在新品首发、渠道管理、大数据赋能和线上线下全渠道融合等领域展开一揽子合作[105]。

海澜集团总裁周立宸指出，向新零售转变，卖货层面是最直接的，其次是数据要打通。海澜之家采用 RFID 技术给 2 亿件衣服分配了各自的身份编码，进而实现了线上下单、线下发货，并在门店之间实现了数据共享

---

① 全渠道是指实体渠道、电子商务渠道、移动商务渠道的线上与线下的融合。

图 8.1　海澜之家某门店照片（图片来源：阿里研究院）

互通，让一条条销售数据从"碎片"走向"整合"，然后又通过大数据分析，更好地分析和洞察消费者需求，及时调整经营策略，降低整体经营性投入，最终实现品牌重塑升级[104]。在大数据时代，"秒懂客户所需"不再是一种遥不可及的愿景，而是企业在市场大潮中立于不败之地的撒手锏。

由此可见，大数据驱动的 C2B2C（Customer to Business to Customer，消费者到企业再到消费者）商业模式转型正在发生，数据已成为商业领域中一种重要的生产资料。消费者在消费的同时也在贡献着数据，这些数据借助互联网被汇集起来进行分析利用，能帮助企业更好地洞悉用户需求，做出更为科学的商业决策，继而提供更符合消费者需要的产品和服务。

8.1　精准营销：从广而告之到瞄准目标

在传统营销的时代，消费者主要通过电视、广告牌等媒介接收到商品广告。广告主很难确认观众是否真正是他们所要覆盖的目标群体，也很难了解消费者对广告的真实态度，判断广告是否真的产生了营销效果同样很难。大范围投放广告效率低、费用高，而且可能收效甚微。

大数据则赋予了商业广告全新的可能性。运用大数据技术可以进行消费者信息检索、消费者定向，以及消费者数据获取和挖掘与计算分析，然后通过用户画像，把数据人格化，描绘出消费者的特点、地域、兴趣爱好、购物意向和经济潜力等，从而帮助商业决策者更精确地锁定和分析目标消费群体。这样广告主就像是掌握了"读心术"的魔法师，能够知晓用户"心中所想"。

以微信广告为例，微信对于很多人来说，早已不仅仅是一个社交软件了，它以完善的生态链条构建了平台与用户、用户与用户之间的强关系和弱关系网络，并能满足用户社交、购物、支付、娱乐和信息获取等多种需求，成为我们日常生活、工作不可或缺的工具。2019 年，微信的全球用户数量已超过10 亿，而随着微信平台影响力的扩大，微信广告也已悄然到达每个用户的掌上，而这些广告的背后，其实大有玄机。

微信的精准营销集消费者要素、成本要素、便利要素和沟通要素为一体。微信平台依靠庞大而深刻的影响力，运用 Lookalike（相似人群拓展）等大数据技术，对其所拥有的用户数据进行挖掘分析，根据用户的性别、年龄、兴趣爱好、职业、收入状况和地理位置等对用户根据需要进行分类画像，并在此基础上帮助广告投放者精准地找到目标消费群体，进一步扩大潜在受众群体，对不同身份、不同偏好和不同地区的客户，推送不一样的广告内容，最大程度使每一则广告都能覆盖到最有价值的客户。

有数据有技术又有平台，微信广告的威力可想而知。在现实中，借助大数据分析在微信中成功实现精准营销的商业案例不胜枚举。从微商等个体创业者到大型的快消品牌、酒店连锁企业和航空公司等，都在微信平台上通过微信公众号信息发布和朋友圈广告投放等方式进行着营销推广。

以微信朋友圈广告为例。2015 年 1 月，很多微信用户发现自己的朋友圈第五条的位置上悄然出现了文案生动的广告，微信正式开始在朋友圈推出定向的广告投放，这一年也被称为中国信息流广告的元年。以庞大的用户数据资源为支撑，微信应用大数据分析技术，对用户进行画像并分类，以算法匹配不同微信用户的需求和爱好，分别进行了 3 轮广告推送。微信朋友圈广告的效果可以说是立竿见影；在微信朋友圈投放以音乐为主线的创意手机广告后，仅仅两天，vivo 的总曝光量接近 1.55 亿次，微信用户点击"vivo 智能手机"Logo、点赞和评论等行为超过 720 万次，vivo 官方微信公众号增加了 22 万粉丝。

除了精准投放，微信的朋友圈广告也可以成为新的大数据来源。因为微信用户与广告的互动会留下相关数据，如用户点赞、评论、转发和点击"不感兴趣"等行为可以帮助微信进一步了解用户对广告的反应和个人偏好，为用户画像的进一步精细化提供支持。

云南省旅游发展委员会与腾讯公司的合作，是一个整合微信各类功能进行精准营销的新案例。2018 年 10 月，由云南省旅游发展委员会、腾讯公司联合打造的全域旅游智慧平台——"一部手机游云南"（见图 8.2）宣布上线试运行[106]。这是一个"互联网＋旅游"的深入融合平台，物联网、云计算、大数据、人工智能等技术被运用到旅游的各个环节中。当消费者在旅游前通过朋友圈、QQ 空间对云南产生旅游兴趣后，他们可能会通过微信、浏览器等检索有关旅游的信息，而微信和腾讯其他平台则会快速启动对这些行为数据的深入分析，制定个性化的精准广告策略。不久之后，消费者可能会在朋友圈接收到腾讯为云南旅游制作的社交广告。而在观看广告后，消费者还可以根据广告提供的机票、酒店预订链接购买出行所需要的商品。在旅游的行程中和旅游结束后，消费者可能会通过微信朋友圈、QQ 空间反馈他们的旅游感受，比如在朋友圈晒一波景点打卡照，分享或吐槽一下旅行中的意外经历等，这些用户点评数据则能为后续的服务改善和广告营销提供支持，为幕后的决策者提供更完整的信息指导。

图 8.2 "一部手机游云南"官网截图

8.2　数据"智导"：再造影视创作模式

影视投资是一项充满风险的商业活动，收视率、票房与投资回报率等重要指标的可预测性一直都很不准确，而流媒体巨头 Netflix 则将大数据技术运用其中，对影视剧创作进行了全方位的革新，使大数据分析深入到影视作品的各个创作环节中，对整个影视创作行业，从剧本、导演和演员的选择，到拍摄和后期制作，乃至营销，都产生了深刻的影响。

Netflix 的数据来自于它的千万级注册用户。用户每次观看视频的所有操作，例如影视剧的搜索、正面或者负面的评分等，以及地理位置数据、设备数据、社交媒体分享数据和添加书签数据，都会被纳入 Netflix 庞大的数据分析系统。通过 Netflix 的大数据算法，Netflix 可以了解用户几乎所有的观影习惯，如记录哪些用户当一集节目结束、演职员表开始滚动时就会停止观看节目，哪些用户则会一直坚持到最后[107]。再比如知道用户在不同的时间段喜欢看什么类型的影视作品，了解用户喜欢观影的终端设备是手机、平板电脑还是台式计算机，最终推测出具体的观剧场景，如哪些地方的人们更加喜欢在星期天下午用平板电脑观看恐怖片等。

运用大数据创作出按观众需求定制的影视作品，也已经成为中国影视制作的风尚之一，尤其是在网络剧领域。优酷等公司出品的《白夜追凶》是近年中国高热度、高人气和高口碑并存的"三高"现象级网络剧，播放量达到近 50 亿次。图 8.3 所示为网络剧《白夜追凶》的海报。2017 年 11 月，《白夜追凶》被全球流媒体巨头 Netflix 买下播放权，在全球 190 多个国家和地区上线，成为首部被该公司正式买下版权的中国自制网络剧。

图 8.3 《白夜追凶》海报（图片来源：优酷）

相对于其他网络剧，《白夜追凶》没有热门 IP（知识产权），没有流量明星参与，刑侦题材的剧集主题更偏小众而非热点，可以说是影视行业的"三无产品"，起初并未被业界看好。然而，通过运用大数据技术，"三无产品"《白夜追凶》一跃成为热度、人气和口碑均爆棚的"三高神剧"。它是如何实现这一令人惊叹的华丽逆袭的呢？

相比于当下许多电视剧节奏拖沓、内容冗长，导致用户习惯加速播放甚至弃剧等现象，《白夜追凶》通过对以往用户观剧习惯和偏好等数据的深入挖掘与分析，在制作时对剧情节奏和情节安排的设置进行了更为优化的时间配比，让用户全程都有观剧的紧迫感和新鲜感。有研究数据显示，在超过 30 集以后，电视剧的收视率便会下降，而《白夜追凶》在 32 集的长度中一共讲述了 8 个故事，剧情一波接一波，情节一环扣一环，节奏紧密到让观众没有闲暇加速播放[108]。

《白夜追凶》网络剧播放的成功不仅仅是因为其高质量的内容和制作，也与其创作团队和制作公司善用大数据技术为影视作品创作提供指导、使其更切合观众需求密不可分。不远的未来，网络剧乃至整个影视传媒业的竞争，很可能将是一场数据和内容的双重博弈。

8.3 "数造"个性：以社群文化带动新营销

大数据也能用于提升商业服务水平，为利来利往的商业注入人性化的温度。

在人们更注重个人健康和体育锻炼的当下，与运动健身相关的产业迅速发展，成为令人瞩目的商业领域。面对如此庞大而极具潜力的市场，众多从业者都希望能够开拓一片属于自己的市场空间，而其中大数据则成为开拓者们撬开运动健身市场的"秘技"。其中"咕咚"是中国移动运动健身领域积极运用大数据，成功构建商业生态系统的典型厂商之一。

"咕咚"的发展战略是结合线下产品与线上 App，致力于成为全球领先的运动大数据和服务平台。"咕咚"一方面瞄准市场新需求积极研发，推出了多款智能运动装备，如能够实时监控身体状况、记录运动数据的蓝牙心率耳机、运动手表等智能可穿戴设备；另一方面，"咕咚"积极拓展移动互联网市场，推出运动社交软件"咕咚"App，构建互联网运动社交平台。目前，"咕咚"已经成为互联网社交的重要品牌，用户数量已达 1.5 亿，每天需要响应来自全球 210 个国家和地区的数千万次运动需求[109]。

"咕咚"的线下产品与线上 App 都产生、积累了海量的运动数据，而对这些数据的分析与应用，为"咕咚"成功融合线下与线上产品，搭建结合数字和实境的客户关系，最终成功构建商业生态圈——"全民运动生态系统"提供了核心支撑。

通过对平台和产品不断更新的运动大数据进行深入分析，"咕咚"得以了解用户特征（年龄、需求偏好、运动时间、运动方式、运动地点等），为其优化更新产品和提升营销策略提供了有效支撑。"咕咚"基于对其运动大数据和智能装备数据的分析，针对用户开发了运动能力测试系统，将运动装备、训练课程与 AI 技术结合，研发并推出了更多智能系列产品和智能教练系统等，能够通过相关数据分析评估用户的身体状态，以 AI 技术科学实时指导用户运动，从而帮助用户减少损伤，实现更安全、更高效的运动。

大数据也为"咕咚"的商业管理和营销提供了更高效的解决方案。如"咕咚"联合其他商家打造了首家线下智能运动体验店 CODOON IN，CODOON IN 依靠"咕咚"庞大的用户线上运动数据库，并运用大数据算法分析来预测用户运动及消费行为，以此为运动装备售前选购、售后服务，以及培训、交流和活动等配套服务提供更为科学、专业的指导，更好地结合智能产品和线下体验服务。"咕咚"商业活动的组织与推广也借助了大数据技术的力量，例如依靠其运动数据库，"咕咚"推出了线上马拉松、自行车赛事等众多活动，截至 2019 年 6 月，官网显示"咕咚"已经累计举办各类线上线下赛事超过 500 场[110]。这些活动不仅能够提升运动用户体验，拉近"咕咚"与客户之间的关系，也为消费者之间提供了更多相识交流的机会。图 8.4 所示为"咕咚"相关运动赛事奖牌。

人海茫茫，数海莽莽。大数据技术的应用不仅让服务变得更加个性舒适，也让其变得更具有温度。

图 8.4　"咕咚"相关运动赛事奖牌（图片来源："咕咚"官方网站）

8.4　大数据何以撬动商业变革

商业领域是大数据应用的前沿阵地。通过前面的案例我们也已经看到，商业大数据确实给商业带来了诸多改变。知其然更要知其所以然，大数据缘何能够撬动商业变革呢？

消费行为和方式的变化

在生活当中，我们每一个人都在特定时间扮演着消费者的角色。在大数据时代，我们的消费行为已经悄然变化。当我们需要购买东西的时候，我们常说的一句话是"上网看看"。为什么我们要"上网看看"？因为不同的购物网站能够为我们提供更多的选择空间，让我们以更低的价格来买到自己想要的商品。同时，移动互联网时代的商业还呈现出线上线下融合发展的趋势。除了上网看看，我们还会到线下实体店逛逛，体验一下。

在互联网时代，（提供商品或服务的）公司与消费者之间的边界被打破，消费者同时也有可能是产品的创造者，即"消费众包"。卖家和买家通过互联网直接连接进行交易的方式，使消费者的信息被转化为数据，直接进入研发、制造、流通和营销各环节，并对最终的产品和服务产生巨大影响，让C2B的规模个性化成为可能。[103]

无论是线上购物还是线下购物，消费者的需求都会以数据的形式聚合到公司的数据库当中，为公司的商业模式转型提供了重要的"数据原料"。同时，通过对消费行为的大数据分析，公司不仅能够识别出消费者当下的需求，还可以挖掘和培育消费者的潜在需求，进一步改变消费行为，从而形成海量数据不断产生和持续分析的动态闭环。

多元电子媒介助力数据化

消费者行为的数据化还需要借助一定的电子媒介，因为能够用于大数据分析的数据必须是电子数据，而电子数据只有通过互联网才能够实现记录、流动与聚合。第 43 次《中国互联网络发展状况统计报告》数据显示，截至 2018 年 12 月，我国网民规模达 8.29 亿，互联网普及率达 59.6%；我国手机网民规模达 8.17 亿，网民通过手机接入互联网的比例高达 98.6%；我国网络购物用户规模达 6.10 亿，年增长率为 14.4%，网民网络购物使用率为 73.6%。[111]

推动消费行为数据化的媒介包括智能手机、平板电脑等移动设备。以智能终端为代表的用户设备，在移动互联网、云计算、大数据技术和各类服务应用的助力下，正成为服务提供的重要界面和大数据采集的重要源头[103]。尤其是随着智能手机的普及，人们的生活习惯正在改变，网民们正在通过移动设备源源不断地生成大量具有商业价值的数据，越来越多的消费者行为将通过这些媒介实现"数据化"。

数据是支点，技术做杠杆

大数据不是一句简单的口号，要想真正挖掘大数据的商业价值还需要一定的技术能力。有了源源不断的消费行为数据，意味着我们有了"支点"，而真正释放商业大数据的价值还需要技术这一"杠杆"来撬动。

在技术层面，大数据从采集、处理、存储到形成结果的整个过程需要通过感知技术、云计算及存储技术等技术来完成[112]。今天的消费者行为日益呈现出网络特性，任何两个行为之间都可能发生跳跃式连接。要理解消费行为的跳跃性需要大数据的帮助，在不同的数据体系之间建立关联可以更好地辅助企业理解消费者及其消费需求[103]。

8.5　数据创造价值：前提是规则和边界

大数据正在颠覆传统的商业模式，赋予商业决策、产品设计与优化、服务提供和广告营销等商业行为新的可能。从某种角度讲，在互联网和大数据时代，消费者在掌握海量数据和分析技术的主体面前，接近于完全透明。这不完全是一件好事，因为这种"透明"也意味着消费者的隐私越来越没有了隐蔽之地。

诚然，大数据能为商家带来巨大的经济效益，但我们还应直面其背后的各种风险。绝对的自由意味着不自由，大数据技术在商业领域的应用也需要有明确的规则和边界。唯有这样，才能让数据真正为消费者创造价值，而不是伤害消费者。大数据与商业的结合才刚刚起步，未来的商业发展是会继续秉承"消费者至上"的原则，还是仅仅把消费者作为大数据的来源？这取决于我们如何制定规则和确定边界。

消费者至上

在大数据的商业应用中，"消费者至上"的原则应当是我们追求的美好未来。大数据帮助我们掌握了更多实体世界的信息，让商业能够通过利用数据变得更有效率。

然而，商业的效率与消费者的利益并非完全一致，甚至还可能因为大数据的介入而变得更加对立。例如，大数据一方面让广告投放变得更加智慧和精准，另一方面也让"千人千价"和"同品不同质"的普遍化成为可能。在现实中已经有很多电商平台开始运用大数据技术对消费者群体进行划分，区分出所谓的新客户和旧客户、敏感客户和不敏感客户，然后对他们制定差别化、歧视性的价格，提供不同质量等级的产品和服务。

面对掌握着雄厚数据和技术优势的商家，消费者变得愈发弱势和无助。数据本无定性，但人类具有自利的天性，资本具有逐利之本性。如何通过制定法律和社会规范，让商业大数据应用秉承"消费者至上"的原则，成为亟须解决的新问题。

商业大数据的边界

在大数据时代，防不胜防的信息泄露和无孔不入的广告推送正在将消费者的利益和安全置于危险之地。

消费者数据泄露已成为严重的社会问题。很多消费者的快递单号被公然贩卖，个人手机号码、住址等隐私信息被非法暴露和交易，并被用于广告营销，成为电话和短信骚扰的源头。很多社交平台的用户也成为受害者，用户只是因为关注、转发或者点赞了某类信息，其首页就会被广告推送挤占……这些都让消费者们不胜其烦。

在国外，一些商家为了采集用户信息甚至直接将追踪设备秘密设置在产品中。美国联邦通信委员会就曾经发现，美国最大的移动运营商 Verizon 在未征得用户同意的情况下秘密将追踪码植入用户流量中，以识别用户的消费行为特征，并通过售卖这些数据给广告商来营利。这些用户数据后来又被黑客窃取并在暗网上出售，导致完全不知情的消费者隐私泄露、利益受损。

在商业大数据时代，消费者的私人空间正面临着被大数据侵蚀的危险，明确数据的权利和使用边界已成当务之急。比如用户在平台上留下的个人行为和特征数据，真的完全属于平台吗？我们在安装 App 时选择的"同意与否"，是否真的就意味着是对个人信息使用权利的完全让渡？我们是否有权利要求平台"遗忘"自己的隐私数据？当个人数据被用于商业营利，我们是否有权利拒绝被广告锁定？我们又该如何保护我们的隐私，不让个人数据轻易地被商家泄露？这需要对数据的收集、交易和应用都有严格细致的规制和管理。

2012 年，全国人大常委会通过了《全国人民代表大会常务委员会关于加强网络信息保护的决定》，对个人信息收集、使用的规则，网络服务提供者的义务等进行了基本的规范。2013 年我国修改了《消费者权益保护法》，新增的第二十九条对经营者收集、使用消费者个人信息的相关要求和责任进行了进一步规范，如规定"经营者收集、使用消费者个人信息，应当遵循合法、正当、必要的原则，明示收集、使用信息的目的、方式和范围，并经消费者同意""经营者应当采取技术措施和其他必要措施，确保信息安全，防止消费者个人信息泄露、丢失"等。2009 年、2015 年分别通过刑法修正案（七）和修正案（九），针对现实中利用数据侵害消费者权益的现象，专门规定了对出售或者非法提供、窃取或者非法获取公民个人信息的犯罪及刑罚。2016 年通过的《网络安全法》，更进一步明确了公民个体数据收集和使用的规则，以及网络运营者在数据收集、数据安全等方面的义务与责任。2017 年，第十二届全国人民代表大会第五次会议通过的民法总则，更是明确将公民个体数据权作为一项重要民事权利予以保护。目前，对于数据管理的相关立法仍在进一步推进中，十三届全国人大常委会已将制定个人信息保护法列入了立法规划[113]。

随着我国大数据监管实践的不断深入，相关法律法规必将更加完善，并更好地规范商业数据行为、维护消费者权利、推动大数据为社会整体福利服务。

第九章

数据革新:
正被重构的制造业版图

要以智能制造为主攻方向推动产业技术变革和优化升级。

——习近平总书记在中国科学院第十九次院士大会、中国
工程院第十四次院士大会上的讲话[114]

"有人烟处，必有海天"，这是海天酱油脍炙人口的广告宣传语，但是在位于佛山市高明区的海天酱油生产基地，几层楼高的厂房里面却几乎看不到人的身影，整个生产系统由一排排硕大的不锈钢管道衔接起来，偶尔看到的一两个工人也不是生产工人，而是操作或者维护机器人系统的技术工人。他们不需要懂生产工序，只需要懂机器人的操作工序，就能顺利完成酱油从原料到封箱打包的 494 道生产工序 [115]。

海天酱油生产基地的变化只是我国制造业智能化转型的一个小小缩影，科技发展到今天，已经不再是主要依赖劳力和手工工具的时代，大数据和人力资本正不断为制造业赋予新的增值空间。在 2016 年的第二届中国大数据产业峰会暨中国电子商务创新发展峰会上，国务院总理李克强在开幕式致辞中强调："以大数据为代表的创新意识和传统产业长期孕育的工匠精神相结合，使新旧动能融合发展，并带动改造和提升传统产业，有力推动虚拟世界和现实世界融合发展，打造中国经济发展的'双引擎'。"

而制造业的智能化转型并不是一个新命题，从数控机床的应用开始，我国许多企业早已开始探索数据化的智能生产。但直到 2015 年，我国才从宏观层面明确表示要在若干年内实现制造业的智能化改造，加速制造产品迭代，通过提高产品的数字化、网络化和智能化程度来增强我国制造业的国际竞争力。2017 年，中央经济工作会议指出要紧扣我国社会主要矛盾变化，推动高质量发展，推进中国制造向中国创造转变，中国速度向中国质量转变，制造大国向制造强国转变。

无论是智能化改造还是高质量发展，大数据都能提供强劲的新动力。如今制造业的核心竞争力早已不再是产品高度同质化的大规模生产，而是要亲近消费者需求，去满足不同人群的特殊偏好的个性化制造。如今制造流程也不再是封闭的一环，每一个环节产生的数据流都为高效率生产提供稳定保障，为企业主动管理优化设备奠定基础。另外，生产车间的核心生产要素不再是劳动力，而是无形的数据流和具备柔性生产能力的机器设备……大数据已经渗透了制造业的方方面面，制造业发展的核心导向已经不再是"制"，而是"智"。

9.1　个性化定制：规模化和差异化的结合

我们常说，世界上找不到两片完全相同的树叶，这赞叹的是大自然的鬼斧神工和基因所决定的个体差异性。而人类个体皮肤的差异更为普遍，一方面种族、基因和年龄等自然因素决定了人体皮肤的先天差异，另一方面工作环境、生活习惯和心理状态等社会因素决定了人体皮肤的后天差异。两方面的因素导致每个人的皮肤状况各异，同时也导致了"个性化的皮肤问题"。

市场不是万能的，供需的矛盾在于在传统护肤品市场上，产品同质化严重，消费者拥有自己花钱买的护肤产品，但却未曾拥有"属于自己"的改善配方，因此市场针对消费者的具体皮肤问题所能提供的解决方案是非常不足的。那么能否以个性化的生产方式来满足不同消费者的诉求呢？

珠海市伊斯佳科技股份有限公司（以下简称伊斯佳）创始人王德友自1992年便开始从事护肤品的研究和开发，然而在涉足这个领域之初，他就对国内美容市场激烈的竞争、有限的市场空间和高筑的行业壁垒深有体会。从那时起，王德友便一直在寻求国产护肤品生产的突破点。直到2007年，"DIY护理理念""精准美容"等概念才首次在伊斯佳提出：在未来，每个人都能够拥有一套解决其独特皮肤问题的美容配方，和一款真正属于自己的护肤品。

但是在王德友早期带头探索护肤品制造转型的过程中，很多人都觉得这个想法不切实际、异想天开：既然大规模生产已经被证明是非常具有竞争力的生产方式，要做个性化生产，就相当于放弃了大规模生产带来的竞争优势。另外，生产个性化产品，还涉及消费者皮肤检测的方法、皮肤数据库和原料配方数据库的建设、数据间的匹配、数据传输和智能机器人的研发与布控，不但技术上突破难，没有经验可借鉴，而且投资效果及回收期不确定。无论从哪个角度来看，美妆产品的个性化生产都是一条"看得见的不归路"。

然而在一次朋友聚会上，王德友端着手中的饮料突发奇想，这些调酒师们以不同比例调和多种基酒和辅酒，调和成符合消费者心情、拥有不同口感和浓度的多种特调酒精饮品，而每个调酒师使用的都是几乎相同的工具，这种生产方式能否复制到护肤品的生产中去？王德友仿佛明白了自己应该在专业护肤品行业破冰的方向：每个人的皮肤状况不一样，如果想从根本上解决消费者的皮肤问题，做到精准美容，护肤品行业必须转大规模生产为规模定制化生产，也就是基于规模生产能力的同时实现柔性和个性化的生产制造方式，实现生产的范围经济，由生产方式的转变推动制造转型和产品升级。

于是王德友开始组织伊斯佳的高管和技术人员不断外出考察，虚心学习其他国家、其他行业的生产经验。考察学习期间管理层发现，伴随着消费升级加速，制造业从自动化向智能化、个性化的跨越早已成为业内共识，长远来看，定制才是制造业的活路！伊斯佳要进入中国护肤品的中高端市场也只能从技术入手，抢占技术先机。随着智能制造和大数据兴起，这正是民族护肤品制造崛起的最好时机！通过对伊斯佳未来发展战略规划的反复探讨、论证，最终企业管理层决定伊斯佳必须要突破技术难关，实现护肤品制造的智能化、个性化转型。以信息化与工业化深度融合为基础，不断摸索智能制造的新模式，伊斯佳终于形成了集皮肤和头发检测、诊断、方案设计、制造、物流和服务于一体的"互联网＋制造"体系（实施步骤见图 9.1）。

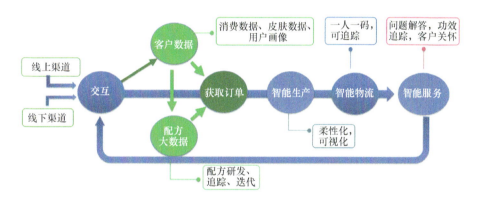

图 9.1　伊斯佳护肤品大规模个性化定制实施步骤（图片来源：伊斯佳）

个性化定制护肤品是以消费者需求为源头，驱动整个护肤品供应链改革，最终为每一位消费者提供专属解决方案。最初，皮肤检测平台的搭建就成为横在伊斯佳人面前的一道难关。通过什么检测设备、采用何种方式收集消费者皮肤数据，才能准确地判断出消费者现阶段皮肤的真实状况与问题？这些问题的成因又是什么？生活环境、饮食习惯或精神心理状态对其影响又是怎样的？有了这些数据后，企业又如何开发产品，以便更有效地服务更多的消费群体，更高效地提升消费者的满意度？

为了克服技术上的困难，伊斯佳付出了近五年的努力，从组建专业的皮肤检测科室、引进高级人才、采购国内外权威的专业皮肤检测设备，到采用领先全球的多维度精准皮肤健康评价体系，终于搭建起了伊斯佳皮肤精准检测平台。该平台通过专业的皮肤调查问卷和来自旗下遍布全国各地的美容机构的会员采样（采用皮肤光学检测、皮肤细胞生理学检测、皮肤菌群检测和皮肤基因检测等多种方法与技术，针对不同消费者，采用不同组合的复合检测方式，专业、精准地捕捉每一位消费者皮肤的真实数据），建立了消费者皮肤数据库。

由于个性化制造的根本是个性化的产品配方，因此需要庞大的皮肤、原料、配方数据作为支撑。由于客户的皮肤状况是动态变化的，因此皮肤库、原料库和配方库的数据也会对应客户档案动态更新，而随之不断更新的功效测评是"私人定制""一人一单一方"的重要支撑，也是将消费者皮肤检测结果转化为护肤品私人定制功效的核心。

个性化定制和大规模生产是伊斯佳智能制造的两个重要表现。目前国内大多数护肤品制造工厂，基本都是围绕同一配方产品组建机器人生产线，也就是说一条生产线只能同时接受一张订单，批量生产同一配方产品。它们做的不过是机器换人，即生产的自动化。而伊斯佳在国内首次实现了生产线的智能化升级：以订单和消费者数据为基础，一条生产线就可以生产满足不同消费者需求的多样化产品，实现了 C2M（顾客对企业）大规模个性化定制生产（见图 9.2）。每一种原料的添加精准度达到千分之二克，每个生产环节的节奏控制在 20 ~ 25 秒 / 支，每支产品灌装量可以在 30 ~ 300 毫升之间灵活选择，完全可以满足消费者对护肤品的个性化需求。

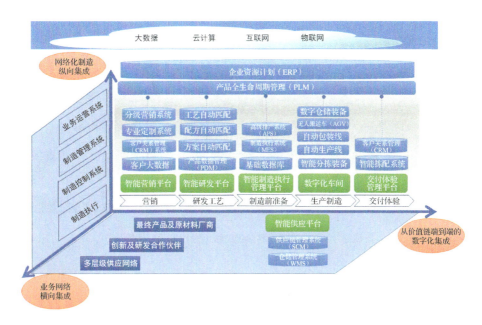

图 9.2　C2M 大规模个性化定制智能系统集成图（图片来源：伊斯佳）

与此同时，伊斯佳还独树一帜地提出了我国护肤品行业的完整工业互联网解决方案。在对消费者的皮肤进行诊断后，通过产品数据管理系统，计算机会根据结果自动生成数字配方，并将相应的配方信息发送到智能制造车间后台，接着智能护肤品生产线根据接收的配方信息进行个性化护肤品生产、灌装和检验，根据用户订单信息分拣并加外包装，最后利用现代物流系统快速将产品送至消费者手中。每套产品具备二维码形式的唯一编码，即产品的"出生证明"，只有定制者本人才能有效解读编码上的信息。伊斯佳的智能制造生产线如图 9.3 所示。

定制产品在生产、检验和包装完成后，直接对接智能物流平台，现场装入快递箱，智能打印快递单，直接快递发货，减少了成品仓储环节，可做到当天生产，当天发货。

图 9.3　伊斯佳的智能制造生产线（图片来源：伊斯佳）

▶延伸阅读

二维码如何存储信息

　　二维码其实是一种开放性的信息存储器，其本质就是一段文本信息，可能是一个姓名、一串数字、一段文字、一个网址或一个验证码等，只不过这些数据和信息被存储在了大大小小的黑白方块之间。

　　二维码存储信息的原理其实与计算机识别 0 和 1 的原理类似，最根本的东西其实是二进制算法，也就是将所有的信息都用 0 和 1 表达出来。应用到二维码，就是将我们能看懂的文字语言，以机器语言的形式存储起来。其中黑色小方块代表的是 1，白色小方块代表的是 0，黑白相间的图案其实就是一串二进制编码，扫码的过程就是翻译这些编码的过程。而二维码的三个角上都有三个大方块，这三个方块主要是起定位作用，因为三个点能确定一个面。这能保证我们在扫码时，不管手机怎样放置都能读取特定的信息。图 9.4 所示为二维码的组成结构及信息分布。

　　如今，二维码的应用已遍布大街小巷。任何设备只要带"扫一扫"功能，就可以将这些黑白方块所存储的信息读取出来。它的工作原理就跟我们熟知的商品外包装上印的条形码是一样的。只不过条形码是靠黑白条纹来存储信息，二维码则把黑白条纹改成黑白小方块，因为这样可以加大信息的存储量。

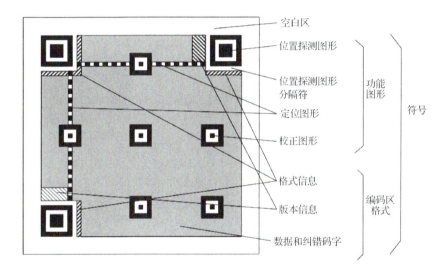

图 9.4　二维码的组成结构及信息分布

　　消费者从下单到收到定制产品的过程中，可以跟踪每一个环节，实时了解定制进度。在后期的产品使用过程中，专业客服人员将进行辅导和跟踪服务。产品使用完后，专业人员再次对客户的皮肤进行专业的分析检测，并根据客户新的皮肤状态调整配方。在这期间，大数据像立交桥一样连通了消费者和个性化产品。从图 9.5 可以看出大数据应用在伊斯佳个性化制造过程中的体现。

　　在整个制造智能化升级迭代的过程中，伊斯佳也遇到了创新型项目与现有国家监管法律法规之间接轨的问题。举例来说，即使一种护肤品的成分完全与其他同类相同，只是存在颜色上的差异，这也被视为一种新产品，要上市就必须付出极高的监测成本和周期，更不用说成分比例个个都不同的个性化产品了。于是在 2016 年，伊斯佳代表中国护肤品行业积极参与了国际私人定制标准的制定，并在 2018 年参与了国家智能制造、大规模个性化定制设计规范，智能制造、大规模个性化定制生产规范，以及智能制造、大规模个性化定制通用要求等国家级行业规范的制定。

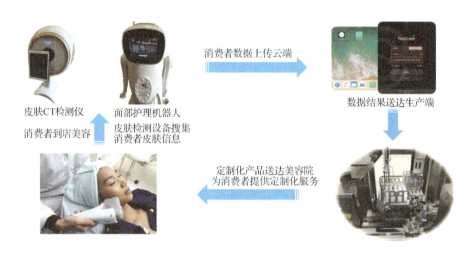

图 9.5　大数据如何玩转伊斯佳个性化制造（图片来源：伊斯佳）

就在伊斯佳走上个性化制造的短短几年中，个性化定制的触角已经同步延伸至制造业的各个角落，几乎所有有能力的制造企业都在努力生产能满足消费者差异化需求的定制产品。当然，企业拥抱个性化定制的前提，是需要充分了解市场上的用户。

作为全球最大的家电企业之一，美的集团产品众多，每年合计生产近超 1 亿台空调、冰箱、洗衣机、电饭煲和微波炉等产品，服务了数以亿计的用户。美的集团的用户数据库目前拥有 2 亿的带手机号码的唯一身份用户，平均每天新增超过 12 万条数据，能够标签化记录并处理用户购买时间、销售渠道、所在地域和使用偏好等信息。一条用户记录可以在多级标签结构中被打上近 600 个标签属性，在这个基础上，美的建立了 360° 全方位的用户画像。而用户画像就像是商业领域里的作战地图，为企业产品研发、精准营销提供了很大便利[116]。

美的产品直接面向消费者群体，产品种类众多，能深入各种用户群体。美的既有线下导购渠道销售和售后服务的场景，又有线上电商和舆情监测渠道，因此基于 C 端（消费者端）积累了海量的用户数据，开发出美云智数软件，迅速赢得了制造企业的青睐。例如，知名汽车制造商长安汽车，利用美云智数大数据套件的用户画像和精准营销应用，针对潜在消费者列出上千个标签分类，形成了用户画像，作为增购、换购活动的指导。凭借该应用，长安汽车在活动营销中精准锁定了目标用户，仅以 1 万元左右的市场费用就获得了高达 5000 万元的订单，效果大大超出常规营销。图 9.6 所示为美的用户画像系统的一些信息。

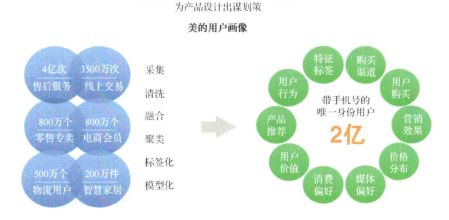

图 9.6　美的用户画像系统的一些信息（图片来源：美的）

通过充分利用消费者数据，智能工厂能够生产出世界上独一无二的个性化产品，而且都是普通人能消费得起的上好产品。如果说工业时代考验的是企业大批量生产的能力，那么数据时代考验的是企业如何实现"多样化、小规模、高质量、周期可控"的柔性化生产能力。

在大数据时代，企业要面对消费者的个性化需求，除了外观设计的定制创新，产品功能的定制化也越来越多，而且面对不同销售渠道，小批量订单会越来越多。工厂原有的大批量生产模式一旦应用在小批量订单上，单件商品的制造成本则会大大增加，生产效率将大幅降低。因此，在规模化的生产线上，要想做到一台产品就起订，这对后端柔性制造的智能化要求非常高。

例如，在美的洗衣机生产线上，前一台洗衣机主供线下商超销售渠道，可能需要自动添加洗衣液模块，而后一台专供线上销售，则要减配自动添加洗衣液模块，因此成品型号也会有区别。在生产线上装配时，对应货架会闪灯提示，提醒工人需要装配对应货架的零件，完成装配后，还要经过自动扫码检验的流程。

而要实现个性化订单智能生产，企业首先需要搭建统一平台的大数据系统，以实现数据预警和驱动；其次要建立面向用户的标签化营销大数据平台，并实现零部件标准化、模块化及数字化柔性制造等深度业务变革和系统升级。这样企业最终才能实现一件起订的小批量化生产，提高工厂的生产效率，盘活企业资产[117]。

9.2 大数据"问诊"：为制造开一剂良方

在直接面向消费者的行业，如服装、家电和家居等领域，个性化定制大行其道；而在生产设施、电力装备和工程机械等基础性领域，大数据支持的远程运维等模式也不断涌现。据统计，每年全球制造商平均需要处理 800 小时由电力中断或其他原因导致的停机[118]。而那些未被及时发现的设备故障，一夜之间就能生产出会带来几百万元损失的残次品，企业不但要承担残次品处理成本，还会拖延正常交单期限，这不但会造成经济损失，还会让企业的商誉受损。也就是说，要有好的产品，必须要有"健康"的生产流程。

让机器开口，听懂机器的轰鸣，通过大数据分析对生产过程进行控制，已是企业中与财务分析同等重要的一种能力。让数据参与生产，不仅仅是依靠那些站在生产一线的机械手和传感器，更要用数据对生产流程、产品质量进行老中医式的"望闻问切"，让数据完整地参与到生产过程的管理和控制中去，将海量的隐性数据转化为显性数据，并将信息及决策建议实时提供给生产一线操作工人、主管和高级管理人员，帮助企业科学安排生产能力，从而实现精益管理。

如图 9.7 所示，在位于贵阳市白云区的娃哈哈数据中心智慧设备管理平台部门，几名工作人员面前的显示大屏上跳动着的是生产车间里每一台机器的负载数据。屏幕上的曲线每隔几秒便跳动一次，以不同颜色的电池形象，直观生动地展示给工作人员。

图 9.7　娃哈哈数据中心智慧设备管理平台（图片来源：娃哈哈）

通过部署 332 个能耗监测点传感器，娃哈哈的生产线收集、传输、存储并整合了整个生产基地的水、电、天然气和水蒸气的使用或者消耗的实时数据，将企业岗位与设备相关应用系统互联互通，实现了内部业务数据和生产流程的横向整合，并通过设备生产数据可视化呈现来辅助管理者决策。

例如，如果一台设备的电表负载数据显示为一块红色电池，说明它正在满负荷运作；而如果显示为一块绿色或黄色电池，则说明设备运作适中或利用率较低，管理员就可以停止部分低负荷设备的运行，将生产任务分配到负载适中的设备上来达到节能增效的目的。

在上线不到一个月的时间里，智慧设备管理平台就为娃哈哈节约了生产用电成本 72 万元，燃气成本 37.5 万元，共计节约能源成本 109.5 万元[119]，而智能化平台的搭建仅仅花费成本 90 万元。这可是个稳赚不赔的生意，就像我们花钱体检、看医生是为了尽早发现身体的异样，及时发现问题并改善境况，避免更大的经济和身体负担。

除了可以给生产设备问诊，实现设备运作优化和节省能源成本，大数据还能对产品开方问诊，用可靠的方式识别残次品并控制出厂次品率，减少残次品带来的损失，实现精准的产品质量控制。

众所周知，电子产品由许多精密零部件组成，任何一个零部件出了问题都将大大影响电子产品的使用体验，因此厂内精准的质量检测是电子产品厂外市场竞争力的重要基础。

在 OPPO 工业园的表面贴装技术（Surface Mount Technology，SMT）生产车间，从空白主板到装满元器件的整个生产过程中，需要工人直接参与的环节非常少，反倒是专业自动化设备、传动带和机械手在更多地参与主板生产和元件嵌入，如图 9.8 所示。除了这些顶尖的自动化制造设备，OPPO

在 SMT 车间还设置了 18 道品质检测工序。元器件要像闯关一样逐一通过这 18 道工序的连续检测，每一道检测都是为了保证次品不进入下一道工序。

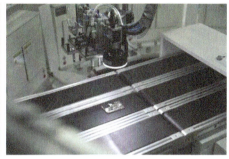

图 9.8　OPPO 手机主板生产与元件质量控制（图片来源：OPPO）

得益于信息化管理系统和全数字化制造流程，即使细如笔尖的元器件都可以被及时监控和精准追踪。以往靠有经验的工人来排查到底哪个元件出了问题，费时费力还耽误生产进度。现在系统自己就能利用生产流程数据准确快速地定位元器件：它正在哪条生产线、哪道工序、经过了哪台设备的测试，甚至最后被装入哪部手机。这就是 OPPO 车间高质量生产手机（手机主板良品率保持在 99.9%）的秘诀[120]。

大数据在生产流程和质量控制上的角色，就像一名老练的医师。而作为充分挖掘大数据价值的关键技术，机器学习也融入了食品制造业。

在乐事薯片的自动化加工系统中，设备采用激光"打击"薯片，通过采集返回的声音来判断薯片纹理。在这个过程中，就用到了智能技术来分析声音信号以判断薯片纹理，从而实现自动化质检。你可能会问了，薯片的纹理还需要这么复杂的机器学习来检测么？是的！因为好的纹理能增加薯片的强度，不至于一打开就是一袋碎屑。如果你打开的是一袋碎屑，恐怕你再也不会买这个牌子的薯片了。

现在，那些努力追求产品质量的制造企业，即使拥有再多经验丰富的工人或管理者，遇到问题都得先看看大数据开的"诊断报告"。它可以告诉生产一线操作工人、主管和高级管理人员，产品是否合格，哪里可以优化改善，问题出在哪一块儿。大数据被用来帮助企业提高对制造过程的洞察力，以达到优化生产流程和提高良品率的目的。

一般而言，优秀的产品制造商都会提供完善的售后服务。但在引进大数据系统之前，被动的线下服务受限于很多不确定因素，其服务的及时性和效果是无法标准化评估的。随着企业提供产品的前端到提供服务的后端之间不同系统被打通，有了大数据系统做基础支撑，企业就能获得高效、全面而且及时的机器"问诊"服务，通过大数据预判并解决存在的隐患。

在全世界 101 个国家和地区的近 300 个集装箱码头上，我们都能看到振华重工的港口机械重型装备在有条不紊地全自动化运作。上海洋山港四期全自动化码头面积相当于 312 个足球场大小，这个年吞吐量达到 630 万标准集装箱的码头作业非常忙碌，运输船运载车来来往往、集装箱起起落落，但几乎看不见人工作业。在这些钢铁巨龙的背后，其实就是振华重工自主开发的、可以全面感知各种信息并自动管理、自动进行智能决策和自主装卸的全自动化集装箱码头装卸系统。

那么这个系统如何保障自动化码头的安全作业呢？答案就在于振华重工港机上布置的各种用于采集数据的物理传感器设备。由这些感知设备采集到的各类数据被输入 3D 仿真模型中，并与"虚拟传感器"的数据融合，即可实现港机总体载荷的实时分析、关键部件的疲劳寿命预测分析等"智慧功能"。通过利用深度学习算法对不断更新的港机大数据进行学习，系统最终得出一系列准确的数值。

这种服务对港口的生产安全有很大价值，不仅可以定期发送设备健康评估报告，建议用户更换某些备品备件，还能远程监测和诊断系统，提供"4级危害故障预警"，及时提醒用户进行检查和维修，防止结构性危害。借助大数据驱动，振华重工从港口机械重型装备制造商向数字化码头集成商转型，为用户提供基于港机"全生命周期"的预测性运维服务，保证了港机设备的正常运转[121]。

▶ 延伸阅读

问诊中国基建的"挖掘机指数"

"压路机市场回暖！"

"起重机开机率复苏！"

"水泥搅拌站施工率还在下行！"

……

在位于湖南长沙的三一重工数据中心的巨大屏幕上，混凝土、挖掘、吊装、路面、港口、桩工等20多万台工程机械的大数据实时展现出来，大屏幕上一张实时反映经济活力的指数地图跃然眼前，令人震撼。

三一重工的挖掘机"挖"的不仅是土，还有大数据这块钻石矿！

这就是"新晋大数据公司"——三一重工的"挖掘机指数"：借助大数据和物联网技术，一台台机械通过机载控制器、传感器和无线通信模块，与一个庞大的网络连接，每挥动一铲、行动一步，都留下数据痕迹。经过七年多的积累，三一重工形成了5000多个维度、每天2亿条、总量超过 40TB 的数据资源。海量机械的应用场景和开工率等来自一线的真实情况，从无数工人手中流动到三一重工。数据代表性远超过统计抽样，不但生动地刻画了我国基建行业的热力图，还具备指数条件，已然成为企业经营、转型的依据，甚至还流动到国务院领导的案头，成为把脉经济动向的参考[122]。

9.3　工业互联网：不仅仅是机器换人

细心的读者也许已经发现，前两节许多部分提到了生产车间里的工人数量减少，彼此连接机器设备就能够完成所有生产流程。正如尤瓦尔·赫拉利在《未来简史》里说的："未来世界，大部分人类可能是多余的。"在智能化时代，高度集成的生产系统正在压缩传统工人的工作空间。高效生产的窍门不再是工人多年积累的生产经验和熟练的装配手法，而是那些越来越多"刚上岗"的机器"新手"，因为它们能够比老练的工人更高效地完成日常生产作业。

在位于杭州萧山区的兆丰机电的无人工厂里，一条新上马的生产线让旁边传统生产线上的老工人唏嘘不已。原来，这条新生产线上的"菜鸟"机器人能更快更好地完成生产。做一套第三代汽车轮毂轴承单元的生产用时，新生产线只要 18 秒，但传统人工生产线起码要 10 分钟。同时，这条新生产线只需要不到 50 人就能完成传统生产线上 380 名工人才能完成的工作，甚至零件组装和物料搬运都可以用机械手和自动导引运输车快速完成，哪里还需要那些熟练的"老手"呢[123]。

在惠州胜宏科技的智能工厂里，现在也不再需要那么多稳重老练的生产工人了，所有精密电子器件的生产完全靠高效的机械手臂来完成。曾经 10 亿元的产值，需要 1500 人来生产，而现在只需要 350 个操作工人，每道生产工序从 20 小时缩短到 1.5 小时。那些曾经有着稳重双手的工人，如今也只能让位给这些初入车间的机器"新手"。

"机器换人"正成为越来越多企业转型升级的共识。2013 年，浙江省经信委的公开数据就显示：浙江省将有 61.5% 的企业至少减少 10% 的一线员工，其中 16.3% 的企业将减少 30% 以上一线员工[124]。在现在乃至未来的工厂里，工人将会变得越来越少。企业的这种无人化转变，不仅降低了生产成本，同时还提高了单位时间内的产出效率。而这背后的支撑，正是涌动在各种设备之间的大数据。

老牌制造企业长虹集团自 2009 年就开始了整体生产线的数字化改革。长虹打通了原本孤立的用户需求分析、市场预测和生产计划等环节，实现了整体维度上的数据串联，实时指挥制造系统，完成了生产智能化的升级转型。

在长虹集团模塑四厂的机床前，有一块用于展示的电子显示屏，这块电子屏幕可以显示这台机床上所有的生产数据，而每一台机床的数据都与后端平台实现了实时共享，与生产计划、工艺技术、设备、模具到成品库等环节之间的数据壁垒不复存在。也就是说，当前端任一环节的数据有变更时，后面的生产制造环节就会迅速响应，并进行自适应调整，由此带来的好处是生产线的高度弹性，并且可以避免生产浪费和存货积压。这完全归功于长虹信息化建设中全面推广的大数据应用。

机器的自动化从硬件层面解放了人力，提高了效率。但在信息化改造落地之前，长虹的每台机器也都是彼此孤立的，每台机器都需要三班倒轮岗监控。以信息化、智能化为支撑的系统管理平台的搭建，就像是横跨在孤立机床间的立交桥，生产流程中每个环节的数据都在这些通道中实时流通，并在后端平台实现交汇。因此，长虹的车间不再需要工人在噪声里全天候值守来监控设备的运行和生产，只需要在后端平台就可以对贯穿整个生产线的生产数据进行追溯和监控，实现了全生产流程的实时监测。除了少量几个更换模具的员工外，其他人员都转移到工作环境更友好的集中处理区，对产品进行最后的验收入库。硬件自动化加软件信息化，长虹集团的模塑四厂真正跃升为"无人工厂"[125]。

大数据在生产研发创新、质量监控和供应链的分析优化等重要环节发挥着越来越重要的作用，智能化的工厂不仅仅是设备联网或机器换人，而是以人机互联、软件和大数据分析结合为核心所形成的工业互联网。

我国工业互联网的提出可以追溯到 2015 年的"互联网 +"行动。到 2017 年国务院正式提出要深化"互联网 + 先进制造业"，发展工业互联网，此后在北京、上海、广州、武汉、重庆五大城市设立了中国工业互联网标识解析国家顶级节点。2018 年，工业与信息化部（工信部）印发了《工业互联网平台建设及推广指南》和《工业互联网平台评价方法》。2019 年 1 月，工信部印发《工业互联网网络建设及推广指南》。2019 年 3 月，"工业互联网"成为"热词"首次写入《政府工作报告》。报告明确指出要围绕推动制造业高质量发展，强化工业基础和技术创新能力，加快建设制造强国，打造工业互联网平台，拓展"智能 +"，为制造业转型升级赋能。

作为行业转型的领军企业，美的集团经历了打造"工业互联网"的三部曲：从 2008 年开始，美的聚焦传统 MES（制造执行系统）改造升级，打造精品；到 2013 年建设智能精益工厂，推动智能机器人、智能自动化和智能物流等核心流程，以实施信息平台的数据统一；到 2018 年，基于大数据的分析和延展，从引进机器人建设智能工厂，到纵向打通工业互联网生态圈，美的发展到可以跨行业输出适应各种生产应用场景的自动化及商业解决方案。

相比消费大数据，工业大数据更复杂。一方面，它有着不间断、多样性和实时性等特点；另一方面，互联工厂的供应参数、生产工序的每一点变化，都会导致数据本身产生很大的变化。因此，互联工厂要真正实现自动化生产，首先企业要实现信息化，在此基础上推动所有流程的数字化。企业必须倒推流程，从原来生产主导，转到以用户为中心来开发产品。图 9.9 所示为美的家用空调广州工厂的大数据中心。

图 9.9　美的家用空调广州工厂的大数据中心（图片来源：美的）

从企业生产流程纵向看，当用户直接在美的线上商城上订购个性化产品时，订单信息通过 C2M（顾客对企业）系统实时传到互联工厂，智能制造系统自动排产，并将信息通过协作平台传递给各个工序生产线及所有模块供应商、物流商，以及不同的工序对应的产品模块生产。这是第一步，互联工厂的大数据平台实时呈现生产线、营销等企业运营活动的真实状况。

第二步，基于大数据融合的管理系统，所有生产设备、工人或机器，甚至每一个机械手都能产生数据，因而从原料配置、产品生产到下线包装、物流数据，企业都能实时监测，并掌握最终产品的销售区域市场去向，搭建柔性生产线按需生产，从而实现真正意义上的智能制造。

第三步，横向跨越设计、生产、销售和服务数字化全链条，从而实现企业自动化运作，完成智能化的数据闭环。例如，传统企业需要 10 多天才能通过企业信息化的 ERP 云平台拿到生产报表数据。但是，智能化的互联工厂提供了实时的大数据，包括外部供应商的多个环节都可以直接看到用户的需求，可实现经营管理优化和资源匹配协同。

▶ 延伸阅读

工业大数据的应用挑战

制造企业每天都产生海量的数据，包括内部的运维、管理、流程和质量等。同时，互联网大数据时代，关联的外源数据更多，包括供应商、竞争对手和客户需求反馈等。如何通过建构大数据系统，结合制造行业的知识经验将硬件、机器和工业软件更好地整合起来协作，是工业互联时代的考验。

如果把一家制造企业比作一部苹果手机，云 ERP（企业资源计划）就好比 iOS，是工业企业经营的核心系统；而 MES（制造执行系统）就是各种 App 应用，能够提供生产数据的实时信息。当一家制造企业将云 ERP 和 MES 结合部署后，便能严格控制生产过程质量、标准化以及自动化作业流程，对生产过程中的设备、物料和人员进行实时监控，确保每个工序生产作业准确执行，实现现场数据的溯源和收集，实时反馈生产状况以及时进行生产干预及调整。只有当云 ERP 与 MES 形成互联互通，企业才能根据变化的数据信息及时调整作业，让车间与公司决策层的商业目标保持一致。图 9.10 所示为美的微波炉电子 MES 项目示意图。

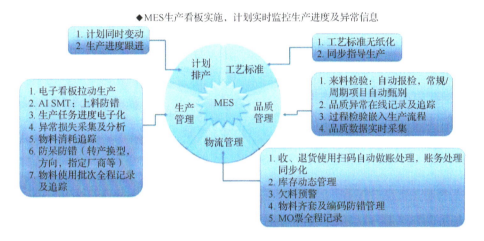

图 9.10 美的微波炉电子 MES 项目示意图（图片来源：美的）

站在产品类型和生产工艺组织方式的角度来说，企业可分为流程生产行业和离散制造行业，而不同类型的制造企业对 MES 应用的需求不同。典型的流程生产行业有医药、石油化工、钢铁和水泥等领域，这些领域的企业主要采用按库存、批量且连续的生产方式。典型的离散制造行业主要包括机械、电子电器、航空和汽车等领域，这些领域的企业既有按订单生产的，也有按库存生产的。无论是流程生产行业还是离散制造行业，云 ERP+MES 的组合拳都是提升软实力的必需品，也是打开工业互联网的触角和入口[126]。

如果把制造业所有机器设备的数据全部打通，这种制造业的智能化转型将彻底改变经济发展方式。智能制造的目的，就是利用数据整合产业链和价值链，通过大数据技术完成需求预测、生产模拟、生产可视化并监测"不可见问题"，实现全价值链的数字化解决方案。在那些率先完成智能化转型的生产车间里，频繁流动的要素不再是电流、人流、资本流或者物流，而是数据流。

不过，纵观中国工业企业的大数据平台应用，情况还难以令人乐观。据工业互联网产业联盟近期的一份报告分析，在调研的国内外 366 个工业互联网平台应用案例中，四成的平台应用仍然局限于产品或设备数据的检测、诊断与预测性分析领域，还没有涉及经营管理优化和资源匹配协同等场景，因为与后者相关的数据涉及面更广、分析复杂度更高。究其原因，一方面，传统企业一个个数据载体孤立，各个"节点"并不连通，无法跨系统、并联协同快速响应用户的需求；另一方面，需要长期的工业知识和经验积累，才能将异构数据源的数据高质量、高效率地整合到一起，满足企业"智造"升级的需求[127]。

9.4　未来已至：觉醒的"智"造业大国

从改革开放至今的短短 40 余年间，我国建立了门类齐全的现代工业体系。今天的中国，已成为世界上最大的制造业大国。如此迅猛的发展，在人类发展史上绝无仅有。

世界银行统计数据显示，2016 年中国在世界制造业竞争力指数排名中位居榜首[128]。2016 年中国制造业增加值超过 3.22 万亿美元，占全世界的 26.20%，超过美国和德国制造业增加值的总和，遥遥领先于世界其他国家（见图 9.11）。

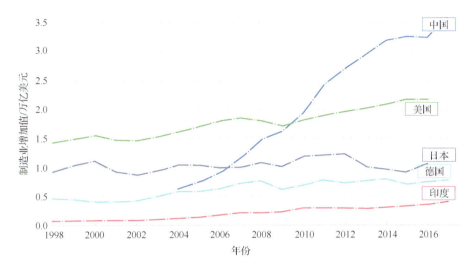

图 9.11 1998—2016 年中、美、日、德、印五国制造业增加值
（数据来源：世界银行公开数据）

2018 年，我国制造业总产值达到 26.48 万亿元，占全年 GDP 的 29.41%①。在当年中国企业 500 强名单里，属于制造业的企业有 253 家，净利润增速比服务业高 7.1%②。在漂亮的统计数据表象之下，是在新的领域不断探索寻求转型的制造业大军。

未来 20 年是中国制造由大到强转型的关键时期，也是制造业发展质量变革、效率变革、动力变革的关键时期。大数据带来的颠覆性创新技术将彻底撼动传统工业活动与制造工艺，革新生产方式，重构制造业的产业格局，建立起数据拉动、需求拉动的新经济生态。

马云曾预言："以前制造业靠电，未来的制造业靠数据。"随着物联网、

---

① 数据来源：国家统计局。

② 数据来源：《中国 500 强企业发展报告（2018）》。

芯片、人工智能、大数据、云计算和深度学习等新兴技术的成熟和普及，它们都会像蒸汽机、石油颠覆手工业一样，彻底改变今天制造业的生产车间。未来的数据算法专家不只是在互联网公司工作，还可能坐在车间里面写代码。未来成功的制造企业，都必定是积极拥抱大数据、物联网和云计算的数据型制造企业。

中国已经见证了大数据对消费互联网的巨大改造势能。如今，大数据引领的智能制造、工业互联网正向工业领域延伸。从 2012 年开始，美的集团持续多年重金投入 IT 改造，在每年上千亿元的总营收中拿出千分之一的资金，通过数据来驱动业务的变革，搭建了美的工业互联网体系，同时大大提升了经济效益，推动了整个集团从传统制造业到科技集团的转型，并通过专业服务平台向外输出，为其他企业大数据智能升级改造赋能。

由"制"到"智"，是制造业的一场基因重组，一个有未来的制造企业，终将成为一家智能化的数据公司。制造业将成为"机器人 + 传感器 + 硬件集成 + 云平台 + 信息化系统 +AI 算法"的智能联合体。这种新型的生产制造体系，绝不是简单的"机器换人"或"熄灯工厂"，而是以用户需求数据为起点，利用信息化技术提升每一个生产节点的精度，实现整体的闭环优化。它还能改变生产者与消费者间长久以来若即若离的关系，重新打造制造产业的价值链。

新时代大国之间角力的发力点早已从制造领域升华到"智"造领域。而要建立世界范围内的"智"造大国，就必须推进技术安全与标准体系的建设，以技术优势、人才优势、数据优势和制度优势，持续增强我国制造业已然强劲的国际竞争力，用大数据铸造大国重器，推动我国制造业整体走上集约化、高效化、网络化和智能化转型之路。

第十章

数治生态：
行进中的美丽中国

绿水青山就是金山银山。

——习近平总书记在浙江省湖州市安吉县考察时提出的
发展理念[129]

你知道吗？地球水资源总量约为 14 亿立方千米，而淡水资源仅占其中的 2.5%。在这些淡水资源中，大约有 70% 是山地和极地永久冰雪。这也就意味着，地球上可供人类直接使用的淡水资源仅占水资源总量的 0.75%。

可你又知道吗？一个没关紧的水龙头，一个月可以流掉 1 ~ 6 立方米水；一个漏水的马桶，一个月要流掉 3 ~ 25 立方米水。假设，一个城市有几十万个水龙头关不紧、几十万个马桶漏水，一年会损失上亿立方米的水。

人类对水的浪费是相当惊人的。然而，对于很多企业和家庭来说，每小时、每天、每月的用水量是否合理，半夜是否发生了漏水问题，却往往还是一笔糊涂账。还好，这一切正在悄然发生着变化。

随着万物互联的大数据时代到来，从阶梯水价、智能水表，到智慧水务、智能灌溉和生态环保大数据，大数据技术及应用正在渗透到生态文明建设的各个领域。生态文明建设始终以节约资源、保护生态为主线，大数据的赋能让生态文明建设更加科学高效。

10.1　关注点滴：知水方能节水

2018 年 5 月 8 日，成都市亿和物业管理有限公司华润峰尚客户服务中心工作人员专程来到城市节约用水办公室，将一面锦旗送到自来水管理科王景同志的手中[130]。"想企业所想，急企业所急。"成都市城市节水办得到了这样的评价。

党的十八大以来，习近平总书记多次就节水工作发表重要讲话、作出重要指示，特别是提出"节水优先"，并将其摆在"节水优先、空间均衡、系统治理、两手发力"新时代水利工作方针的首要位置。

作为全国缺水城市之一，成都人均本地水资源量仅 647 立方米，不足全国人均水平的三分之一，不足世界人均水平的 10%。为了鼓励企业和公众建立节水意识和行为习惯，成都市采用了目前主流的阶梯式水价制度，严格实施计划用水管理，对超计划用水加价收费，还严查随意改变性质用水，有效促进了成都节约用水工作。2017 年，成都顺利通过国家节水型城市第三次复查考核验收，全市（市区）全年节水量达 2518.4 万立方米[131]，如果按照成都锦城湖湿地公园 133 万立方米的容积来计算，相当于攒下近 19 个锦城湖！

据悉，成都水务部门已在积极部署利用大数据分析推出个性化水单（见图 10.1）。通过水单的个性化，同类型同规模企业能看到自身企业的用水排名及节约用水指数，小区居民用户也可参考同小区、同等人口结构家庭的用水量排名和节水指数。这些数据直观有效，通过"邻里间的竞争"形成节约用水的习惯，引导酒店、茶楼和水产养殖等用水大户改变用水习惯。以酒店为例，对平均用水显著高于同等规模同行的酒店，个性化水单会发出警示信息，鼓励经营者采取各种节水措施，例如安装节水马桶、节水水龙头和中水回收系统等节水设备，以及增加节水标识布置，从而改善酒店经济效益和社会环境效益。

在城市供水中，如何解决"跑冒滴漏"是另一大难题。水在输送过程中管网压力不均衡，在不同时期每个城市区域、小区楼宇和企业工厂的水使用量并不一样。因此，需要实时采集供水区域管网压力监控点、关键流量点及水质监测点反馈回来的数据，及时掌握管网运行、流量和水质情况，按照需求供水。这样就能减少管网损害及能源消耗，避免供水滴漏。

近年来，浙江省绍兴市利用大数据、物联网和管网仿真等新一代信息技术，建立了"三维立体式"的供水管网地理信息（GIS）系统，数据涵盖了从

图 10.1　个性化水单

用户水表到出厂流量计的全部管网和阀门、消火栓和排放口等供水附属设施，其中水表信息涉及 40 余万用户，率先在行业内构建起"用数据管理、用数据服务、用数据决策"的智慧水务体系，实现了精准高效控漏，管网漏损率连续多年稳定控制在 5% 以下，每年可节水近 1000 万立方米，相当于一个西湖的水量。[132]

10.2　灌溉有"数"：别让农作物"喝多了"

大数据不仅在城市供水、用水和节水方面发挥积极的引导作用，还在农业灌溉用水、节水领域大显身手。作为"耗水大户"，农业灌溉用水量占全国总用水量的 61.4%[133]，因为我国 95% 的灌溉土地，仍然延续传统的漫灌和沟灌方法，水利用效率仅为 30% ~ 40%。相比之下，发达国家水利用效率更高，可达 80% ~ 90%[134]，有利于保持水土生态良性循环。因此，改进中国农业灌溉用水、节水，是构建生态文明建设的重要一环。

让我们去看看江苏省新沂市正在推广的现代化温室蔬菜培育现场。

在新沂市瓦窑镇，一排排大棚鳞次栉比，大棚内的大屏幕上实时更新环境数据："空气温度 29.1℃、土壤温度 17.6℃……"这种温室大棚智能系统通常由云软件系统、微信或 App 客户端、现场主机、节点控制器和数据采集终端组成，实时监测温度、湿度和土壤水分等蔬菜生长环境参数，通过与供水供肥系统有机结合，可实现智能化监测，控制灌溉中的供水时间、施肥浓度及供水量，为蔬菜生长创造最适宜的环境。因为采用了大数据、云计算、物联网和智能感知技术，同时辅以土壤墒情① 监测和气象信息监测，灌溉有"数"，蔬菜灌溉用水比原来节省了 50% 左右，还省肥、省力、省时。[135]

在这样一座大棚里，各类农作物的长势、每日农事安排都直观显示在大屏幕上，菜农可以按照规划执行滴灌任务。以往，菜农需要丰富的经验和专家指导，摸索出浇水、施肥和打药的要诀。但是有了大数据的利器，农业生产流程也向管理定量化和精确化转变，从粗放走向精准，"靠经验"不再是唯一选择，数据更为可靠。曾经的看天吃饭，已经变为看"数"吃饭，由大数

---

①　墒情，即农作物耕层土壤中含水量多寡的情况。

据驱动的精准灌溉时代已经来临。

▶ 延伸阅读

智能精准灌溉系统

智能精准灌溉，是指对农作物生长发育状态过程及土壤墒情、降雨量等环境要素的现状实现数字化、网络化和智能化监控。对精准农业而言，土壤干或湿，如土壤水分数据 30%、20%，并没有实质指导意义，真正有意义的是"墒"，也就是作物根系周围含水量的变化量，才能正确反映作物根系的吸水和生命活动情况。如果前一天根系吸水使土壤含水量降低了 5%，今天根系吸水仅使土壤含水量降低了 2%。这可能说明作物根系吸水少了，不容易从土壤中吸收水分了，那就该灌溉了。系统通过收集土壤墒情、天气和湿度等各类农作物生长环境数据，并利用农作物生长环境大数据分析模型，计算核定农作物在不同阶段所需的水肥量，并实时动态调整。既不让农作物"喝多"，也不让农作物"喝少"。

数据分析还可以包括水渗入土壤剖面所需的时间、特定时期内的用水量比较、历年的情况，以及灌溉性能（实际土壤湿度处于最佳水平、过低或过高的时间）。全面的数据结果，配合精准的灌溉设施，可以确保作物在生长过程中的需求得到满足，实现高产、优质、高效和节水的农业灌溉。

在广东省最南端的雷州半岛，有一座科技感十足的辣椒示范种植园：气象站的仪器立在田间，搜集环境温度、空气湿度和光照度等数据，土壤墒情仪可以实时记录土壤中的水分变化、温度、pH 值和 EC 值② 等数据。这样农户就能观测到农作物根系环境和土壤肥力，如果需要喷施农药，随时可以启用小型植保作业无人机，均匀地喷洒出含有农药的水雾；椒农不用走到田间地头，只需动动手指，通过手机 App 就可以实时监测园内环境、土壤湿度、温度，以及辣椒生长状况，在线上就能实现智能配肥、水肥一体化的精准操作。[136]

有了这些布置在田间地头的高科技设备，所有的监测数据都能及时反馈至"中枢大脑"，告诉农户作物是冷了、热了还是渴了、饿了，这不但能提醒农户及时为农作物量身定制并配送营养套餐，还能对病虫害做预防处理。有了大数据的帮助，仅需一个人就能实现 2000 亩（约 133 万平方米）土地的精准施肥、浇灌。相比以往的耕种方式，该种植园减少了 20% 农药、30% 肥料和 90% 水的使用，并且还能增收 20%。

在 2015 年意大利举办的世界博览会上，东道主意大利展示了一项公私合作的农业节水项目——AquaTEK[137]。该项目由米兰大学和孟山都公司合作研发，旨在通过农田水传感器装置采集作物用水状况的第一手数据，同时结合卫星收集的气象信息，给予农民农事指导。为了让农民享受到项目技术应用成果，在得到农民许可的情况下，孟山都公司在意大利 9 块农田中安装了特殊探测装置来测量土壤含水量，同时又安装了卫星识别装置，结合天气信息并参照卫星数据，对土壤湿度、温度和氮气浓度等环境大数据进行分析处理，不断训练农作物生长环境模型，从而得到农作物最佳生长条件，包括土壤湿度、温度和氮气浓度等环境参数，这为精准灌溉的实施提供了可靠的依据。

② EC 值是用来测量溶液中可溶性盐浓度的，也可以用来测量液体肥料或种植介质中的可溶性离子浓度。

通过监测土壤水分采集到大量的数据之后，利用大数据程序计算得到相应的灌溉数据，实现按作物生长需求进行定量定点精准灌溉，农民可以优化用水量，提高产品品质，并获得最优的成本效益。AquaTEK 项目开展后的两年间，已经帮助农民减少了 17% 的水资源消耗，同时作物产量提高了27%，能源利用率提高了 20.2%，地下水中氮元素的流失减少了 78%。

▶ 延伸阅读

墒情监测报告与节水大计

我国作为农业大国，加强墒情监测、解决农业灌溉用水问题，对于缓解水资源紧缺至关重要。近年来，全国各地陆续把墒情监测列为重要的农业基础工作，通过监测指定期墒情来测定不同层次土壤的含水量。

以率先构建了省级耕地土壤墒情监测系统的江苏省为例，近 3 年来，江苏省设立土壤墒情自动监测站 240 个、农田苗情监控点 162 个，通过远程监控、实时监测和数据分析，实现了农田墒情自动评价及灌排预警。

同时，江苏省应用智能感知、物联网、大数据和移动互联网等现代信息技术手段，通过应用服务商，对获取的监测数据同步处理分析，信息按小时入网，建成"江苏省土壤墒情监测系统"信息平台，实现土壤墒情、作物苗情和区域气象等信息实时自动监测监控。参考这些数据，种植者可以更科学地决定何时灌溉，或远程启动灌溉计时器来自动灌溉。[138]

灌溉有"数"，用水有方，在这里，数据就是生产力。利用大数据，可以精准感知用水需求，精准把控用水量，恰到好处。"知"水方能节水，而精准灌溉只是水资源保护的一个缩影。

10.3　环保云平台：打破"部门割据"强化监管

水，是生态环境的控制性要素。

近 20 年来，经济的快速发展，也给中国各地生态环境带来了"不可承受之重"。河长制 ③ 在江苏省无锡市的实施，就缘于 2007 年太湖蓝藻污染事件引发的水危机举国关注，迫使无锡市决心重整水生态，于是进行制度创新，决定由党政负责人担任"河长"，统筹河流上下游、左右岸联防联治，协调跨部门联动与社会参与。2016 年 12 月，中共中央办公厅、国务院办公厅发布《关于全面推行河长制的意见》。随后，全国各地加快落实建立河长制，并运用移动互联网、大数据等新兴技术，建立河长制信息管理系统、河湖大数据云平台等水系信息化基础设施。

在成都市，河长制信息系统整合现有各种基础数据、监测数据和监控视频，让在线河长巡河率达到 100%。数据河长是如何发挥效能的呢？据成都市水务局相关负责人介绍，2018 年成都市开发河长制信息系统，完成"成都 e 河长"手机 App 建设运行，实现电子化巡河，注册河长达到 10 462 名，上报问题 24 103 个，其中完成整改 19 113 个，整改完成率约 80%。数据河长的网格化信息管理系统优势在于：既方便河长随时掌握自己负责的河道位置、水质和排口等基础信息，又方便河长及时交办问题、督促整改并验收销号，通过大数据分析智能分配问题流转，通过对巡河、填报数据进行分析，实现河流状况的实时预警、发布和反馈（见图 10.2）。

---

③ "河长（zhǎng）制"，即由各级党政主要负责人担任"河长"，负责组织领导相应河湖的管理和保护工作。

图 10.2　成都 e 河长手机 App 示意

"大数据 + 河长制"借助大数据智能算法，搭建了面向各级领导、工作人员和社会公众提供不同层次、不同维度和不同载体的查询、上报和管理系统，为打赢碧水保卫战加足了马力。可以说，"数据河长"是践行"绿水青山就是金山银山"理念的重要举措。

──────────────────────────────

▶ 延伸阅读

"两山"理论

早在 2005 年 8 月，时任浙江省委书记的习近平在浙江省湖州市安吉县考察时就提出了"绿水青山就是金山银山"的科学论断。既要金山银山，又要绿水青山，"两山"理论充分体现了马克思主义的辩证观点，系统剖析了经济与生态在演进过程中的相互关系，也揭示了经济社会发展的基本规律。

生态文明建设关系人民福祉和民族未来，建设美丽中国是实现中华民族伟大复兴的中国梦的重要内容。在 2013 年中央城镇化工作会议上，习近平总书记进一步指出，要让城市融入大自然，让居民望得见山，看得见水，记得住乡愁。碧水、青山、蓝天是人们对美丽中国最朴素的理解，以治水为突破口推进转型升级，也是生态文明建设的重要任务。[139]

望得见山，看得见水，记得住乡愁，体现出了尊重自然、建设宜居中国的生态理念。在宜居城镇建设中，自2015年开始，"海绵城市"④的概念陆续在各处落地。2017年，"海绵城市"第一次被写进《政府工作报告》，大数据等关键技术也在各试点城市被用于推动"智慧化管理"落地。

大数据如何实现海绵城市的缔造？大数据将原本分割于各部门的数据，如城市水文数据、水资源数据、水质数据、实时雨情数据、历史大洪水数据、气象数据、灾情数据和水土保持数据等统筹整合，可以实现对城市水务、天气和土壤湿度等各类动态数据的收集。

在重庆市两江新区，坐落着国家首批海绵城市试点区域之一、悦来"海绵城"，通俗地讲，海绵城可以在降雨时及时存蓄、渗透并净化雨水，同时补充地下水、调节水循环；在干旱缺水时，它将蓄存的水释放出来，并加以利用。悦来海绵城市监测与信息平台通过300多个监测站点实时采集、传输的监测数据，由后台数字化水文、水力模型进行不间断的实时模拟计算，预测未来2小时之内的降雨是否会造成排水管涌、路面积水和城市内涝等现象。除了计算降雨时的流量，该模型还密切监控异常数据并及时分析，对违规排放进行精准定位报警，或在管网发生异常淤积时及时报警。[140]

小雨不湿鞋，大雨不内涝，这是海绵城市需要带给公众的宜居幸福感

---

④ 海绵城市是指通过加强城市规划建设管理，充分发挥建筑、道路和绿地、水系等生态系统对雨水的吸纳、蓄渗和缓释作用，有效控制雨水径流，实现自然积存、自然渗透、自然净化的城市发展方式。

受。但城市管理和生态治理都是复杂工程，需要突破不同职能部门的信息壁垒，实现对海量数据的集中存储、结构化数据和非结构化数据的统一管理，加以数据分析和挖掘，实现生态治理的科学预测、预警、决策。

国家高度重视大数据在推进生态文明建设中的地位和作用。在 2015 年 7 月中央全面深化改革领导小组第十四次会议上，习近平总书记明确指出，要推进全国生态环境监测数据联网共享，开展生态环境大数据分析。2016 年 3 月，环境保护部办公厅发布《生态环境大数据建设总体方案》，提出加强生态环境大数据综合应用和集成分析；2018 年 9 月，生态环境部办公厅发布《关于进一步强化生态环境保护监管执法的意见》，提出打造监管大数据平台。

目前，已有不少地区利用多源大数据，搭建了"生态环境系统大数据平台"。通过收集、分析、处理并应用土壤、植物等数据，为自然资源的管理、投资、保护与合理利用提供决策依据，提高资源配置效率，促进生态保护，实现可持续发展。

伴随着诸多复杂的自然因素、社会因素的相互作用，内蒙古草原生态曾一度进入"退化期"，草原的退化对内蒙古的经济、文化和社会影响巨大。在 2017 年的全国两会上，全国政协委员、内蒙古蒙草生态环境（集团）股份有限公司董事长王召明提交了《关于建立国家草原生态环境大数据的提案》[141]。提案认为，要重视大数据的应用，解决生产中的信息匮乏和不对称，一方面可以保障农牧民的养殖畜牧业经济效益，另一方面也可以科学保护和修复草原。

在内蒙古草原，优质牧草缺口较大。虽然农牧民种植积极性很高，但究竟应引进哪些适种草、怎样结合土壤特性耕种，以及如何避免过度开发种植，这些问题摆在农牧民面前。如果建立起大数据平台，同时列入植被情况、降雨分布、温度差异、季风情况和空间开发情况等一系列生态数据，就能高效地筛选出适合草原各地区种植的牧草品种、生长规律和种植过程中所需水肥的配置方案。

生态环境大数据平台建设，对打破"部门割据"、消除"信息孤岛"、推动生态文明建设发挥了重要作用。

2018 年 4 月初，福建省生态环境大数据平台正式上线运行，成为全国首个省级生态环境大数据云平台项目[142]。

福建省充分发挥生态云的作用，推动数据可视化，汇总省、市、县三级环保系统及部分相关厅局的业务数据、物联网监测数据（水、大气、辐射、污染源和机动车环保监测等）及互联网等数据，将区域、流域发展水平和产业分布、资源消耗、污染排放和环境质量等形成智能画像，使大数据预测模型更加精准。例如，云平台建设了大气立体监测网络数据分析、预警预报、移动源动态污染排放和大气环境敏感点识别等模块，推动大气污染治理主动预报，实现 3 天精细化预报和未来 7 天的空气质量准确预报。

据 2018 年数据统计，福建省森林覆盖率达 66.8%，福建省 9 市 1 区城市空气质量达标天数比例达到 95.0%，全省主要流域Ⅰ类～Ⅲ类水质比例为 95.8%，均比全国平均水平高出十多个百分点[143]。

除福建省外，贵阳市贵安新区同样利用大数据助力生态环境监管。在传统的人员监管模式下，生态污染源普查严重依赖人力纸质资料收集，以及资料整理和相关指标核算，耗时长达一两个月。贵安新区自 2014 年开始建设以大数据、物联网技术为支撑的"贵安新区数字环保云平台"。如今工作人员只需要负责数据收集，后期大数据分析工作全部通过系统完成，不但打破了以前环保局内部的数据壁垒，还激活了大数据技术在环境监管领域的应用[144]，使生态环境监管走进了大数据智能化监管时代，决策效果更好。

10.4 共建生态大数据，唤醒公众参与热情

"让数据说话，用数据管理"，环境保护部发布《生态环境大数据建设总体方案》的思路深入人心，在上海、四川、江苏无锡等地出台的"环境信息化'十三五'规划"中，推进大数据监管都被列为其主要任务之一。

在成都市高新区铁像寺水街，火锅店厨房里的油水分离智能设备正在"轰隆隆"运行。废弃物经历了油脂抽取、废水排放和残渣装袋等流程，废弃物的油脂占比数据也同时传输至城管部门监控的平台。经过分离后的固体残渣由收运单位统一用指定的餐厨垃圾桶运走即可。城市中大量的餐厨垃圾分类、运输、回收和处理工作形成了一个智能监管的闭环。智能化的大数据设备，让餐厨垃圾处理得以在源头解决，就地分类、及时减量并智能化收集，有效改善了以往餐厨废弃物混合收运过程中的"跑冒滴漏"问题[145]。

展望未来，随着更多高清视频应用和先进计算能力的引入，城市人口、企业产能、电力消耗、价格波动等多源数据都可以与生态环境大数据逐一对接。数据之间的矛盾可及时识别，相互验证，通过数据侦查功能识别异常排污行为，并将更多的环境监管和治理资源应用到特定行业中环境行为最差的企业。

对于生活周遭存在的空气、水污染等环保问题，公众相当关心其中蕴含的风险。因此，公众不仅会积极向环保监管部门举报，还会在社交媒体或官网信息渠道投诉，这些真实舆情数据都可能形成有效的监督。与之对应的

是，利用生态环境大数据建立起企业环保信用评价体系，也可以帮助公众对企业的环境风险做出星级评价。

在蚂蚁金服的环保创新倡议中，用户步行替代开车、在线缴纳水电煤气费用和网络购票等日常行为所节省的碳排放量，都可以换算为虚拟的"绿色能量"，培育一棵棵虚拟树。虚拟树长成后，将由蚂蚁金服和公益合作伙伴在地球上种下一棵真树。蚂蚁金服的数据显示：截至 2018 年 12 月底，蚂蚁森林项目累计种植真树 5552 万棵，总面积超过 76 万亩（约 5 亿平方米），控沙面积超过 100 万亩（约 6.7 亿平方米）。当环保创新成为企业的自主选择，不仅用户可以通过大数据直观感受企业对环境风险控制的社会责任，政府的环境监管成本也将大大降低，同时还能鼓励更多企业进行排放主体的绿色化改造。

雾霾一直是公众关注的焦点问题，国家也制定了一系列的标准来限制企业的排放，然而你知道吗，共享经济能够为我们提供另一种解决方案。

汽车燃油和尾气排放是雾霾形成的一大元凶，而在打车软件出来之前，出租车的空驶率较高，据公开资料，北京出租车日均行驶里程约 450 千米，空驶率达到 40% 左右，高空驶率让出租车行驶更多的无效里程，增加了油耗及尾气排放。以滴滴打车为例，通过提高司机与乘客之间的供需匹配效率，出租车的空驶率明显下降，直接降低了出租车油耗与尾气排放。打车软件的出现可以让全国 150 万辆出租车每年减少碳排放量共计 729 万吨，这对城市环境改善有极大的示范作用。

联合国环境署的数据显示，一棵普通的树每年可吸收约 0.012 吨二氧化碳，那么 729 万吨碳排放量相当于 6.07 亿棵树的全年生态补偿量，也相当于三个中等城市一年的碳排放量总和[146]。

追根溯源，在共享经济这种资产使用方式的背后，仍然有大数据的身影。因为，只有靠大数据的支持，打车软件才能实现司机与乘客之间的高效供需匹配，如图 10.3 所示。在滴滴平台上，有千万级数量的司机和亿级数量的乘客。为了促成交易，司机需要满足两个基本条件：一是空车，二是距离乘客相对近。平台基于需求订单和司机数据择优匹配最合适的司机。每促成一笔交易，司机和乘客都无形中为改善城市环境出了一份力。

图 10.3　大数据支撑下的司机与乘客间的高效供需匹配

对于我们而言，生态文明大数据不仅仅是冰冷的数字堆积，还要通过数据挖掘技术、云计算和信息筛选技术将我们日常的决策和行为与地球的生存健康状态紧密相连。当大数据能够引导我们行为的时候，这些冰冷的数字便富有意义地活了起来。

生态环境大数据有助于全面提高生态环境治理的综合决策水平，然而要达到这个效果，需要在两方面进一步改善。

一方面是由于当前大数据技术还不够成熟，大数据并不能完成所有的事情，也会存在自身的局限性。它所擅长的是测量数据中的"量"而非"质"，技术应用表达出来的结果依赖于数据本身的基础，技术上无法跨越测量数据的局限，无法完全代替人为心理判断。生态文明大数据的不完备性决定了其离大规模推广应用还有一段距离。

另一方面，大数据技术只是一项科技手段，生态文明建设是一项庞大的系统工程，仅仅依靠科技手段还不够，还需要法律、政策及管理等方面全方位的配合。例如建立群众共建美丽家园机制，公众发现生态问题可以直接传至大数据平台，同时建立有效反馈机制，提高公众参与积极性，引导更多的参与者贡献生态大数据。只有将技术手段与管理机制有机结合，才能实现生态文明建设的伟大胜利，实现党的十八大报告中所描绘的"形成绿色发展方式和生活方式，坚定走生产发展、生活富裕、生态良好的文明发展道路，建设美丽中国，为人民创造良好生产生活环境，为全球生态安全作出贡献"。

生态文明大数据本身也面临着重重挑战，在数据共享和开放、应用创新、数据管理和创新落地、资金投入等方面还存在着许多问题和困难。

尽管如此，生态文明建设一定离不开大数据的分析处理。我们相信大数据技术一定会成为推进生态文明建设和治理能力现代化的重要手段。利用现代信息技术和大数据技术，实现数据互联互通，将提高生态文明大数据综合应用和集成分析的水平，促进生态资源的高效利用和管理，为生态可持续发展的科学决策提供有力支撑。

第十一章

大数据的未来：
数据主义还是人文回归

对未来最大的慷慨，是把一切献给现在。

——阿尔贝·加缪

"感觉身体被掏空，我累得像只狗……十八天没有卸妆，月抛①戴了两年半……起来征战北五环，我家住在回龙观……"。2016 年，上海彩虹室内合唱团的一首《感觉身体被掏空》唱出了都市上班族的心声。北京市规划院规划师茅明睿分析地铁、手机定位等数据后发现，作为中国最大的"睡城"之一，回龙观地区的居民与望京地区的居民相比出门更早、回家更晚，每天自由支配的时间少了一个多小时，而其中许多居民的通勤距离却并不远，通勤时间长的主要原因是被京藏高速阻隔。因此茅明睿提出了修建"高速"自行车道的方案[147]。

2019 年 5 月 31 日，连接回龙观地区和上地信息产业园的北京首条"高速"自行车道终于正式开通。茅明睿感慨，"回龙观自行车专用路并不是一个常规模式自上而下形成的产物"[148]，而是在大数据驱动下，自下而上做出的"非传统"城市规划，更是大数据拥抱人文关怀的一次成功尝试。

"城市的正义来自市民的广泛参与"，解决"身体被掏空"的问题，需要工作人员冒着风吹日晒采集第一手数据，需要娴熟运用各类数据分析方法，但更需要每个人对城市的关心热爱和积极参与。当我们仅仅通过微博、贴吧和论坛等平台来采集数据时，大量无法上网的老年居民就会被忽略。因此，茅明睿在做社区优化的研究时，就使用了很多小纸条来采集数据，让无法上网的老年人也能对社区的问题发表意见，让数据带上了人的温度。

短短六七年的时间内，"大数据"已经成为我们耳熟能详的名词。苏格拉底曾说，"未经审视的人生不值得一过"，而未经反思的技术也难以给人类带来真正的福祉。在大数据时代，我们是否已具备足够的洞见、勇气和能

①　指理论上可以配戴一个月然后丢弃的隐形眼镜——编者注。

力，来直面与大数据相关的种种社会、政治、经济和文化方面的机遇和挑战呢？

11.1 大数据还将改变什么

大数据以及与之相关的技术仍在飞速发展之中，大数据时代给我们带来的改变才刚刚开始。人类正进入万物互联的时代，整个物理世界正在不断地在线化、数据化。当前全球联网设备的数量已经大大超过全球人口总量，到2020 年，全球联网设备数量将达到 260 亿甚至更高[149]。万物互联创造出了前所未有的数据量。到 2025 年，人类可能会产生 175 个 ZB 的数据，将是 2016 年所生成的数据的 10 倍。175ZB 有多大？如果全部存储在 DVD 光盘中，那么所有光盘叠起来的高度是地球至月球距离的 22 倍还多，或者可以环绕地球 213 圈还多。如果以平均 25Mbit/s（目前美国的平均网络连接速度）的速度下载这些数据，那么一个人完成此任务需要约 20 亿年，即便全世界所有人一起下载，也需要 96 天才能完成。② 中国的数据量预计在未来 7 年将平均每年增长 30%，并且到 2025 年将成为全球数据量最大的区域[150]。

随着大数据和人工智能技术的迅猛发展，整个世界都将成为计算机的老师。当你搜索猫的图片并点击，实际上就是在告诉计算机什么是猫。搜索引擎每天数百亿次的搜索请求就是给人工智能大脑上了数百亿节课。

人工智能的本质是计算，要对如此巨大、动态和多元的数据进行迅速的组织和分析，机器计算能力的提升和算法的革命性改进就显得尤为重要。著

---

② 此处假设以 27GB 容量的蓝光 DVD 计，其厚度为 1.2 毫米；地月距离以 384 403.9 千米计；地球周长以 40 076 千米计；一年以 365 天计；世界人口按 76 亿计——编者注。

名人工智能科学家吴恩达（Andrew Ng）通过让计算机观看 YouTube 上的视频而识别出猫，但是这需要使用一家大型数据中心内的 2000 颗 CPU（中央处理器）。后来吴恩达发现可以将 GPU（图形处理器）应用于上述识别猫的深度学习任务，该应用场景下只需要 12 颗 GPU 就可以提供相当于 2000 颗 CPU 的计算能力[151]。现在，在 GPU 集群上运行深度学习神经网络已经是一项主流技术，但技术还将继续推陈出新。

尽管计算机"深蓝"早在 20 多年前就战胜了国际象棋世界冠军卡斯帕罗夫，但由于围棋的复杂度远高于象棋，人们一度把围棋视为人类在计算机面前最后的堡垒。然而，在蒙特卡洛树搜索算法的基础上，辅以用来减少搜索宽度的策略网络和用来减少搜索深度的价值网络，人工智能程序 AlphaGo 得以连续击败李世石、柯洁等顶级棋手。除此之外，近年来人工智能技术在语音识别、图像识别、自动驾驶等领域也取得了巨大的进步。

尽管 AlphaGo 的一战成名一度让人工智能威胁论甚嚣尘上，但在吴恩达看来，"担心人工智能过于强大，就好像担心人类会在火星过度殖民导致火星人口爆炸一样"。与其说智能时代已经来临，倒不如说智能时代正在孕育，而孕育人工智能的母体便是大数据。这个"怀胎"的过程，也远远不止十月。新技术的发展还将推动更多、更快、更多样的方式采集数据，这将强化大数据的基础，拓宽大数据的应用前景。

11.2　实现改变还面临哪些挑战

在大数据发展的过程中，还有诸多问题和挑战需要直面与应对，包括缩小数据鸿沟、促进数据流动和保障数据安全等紧迫的议题。

数据鸿沟

2016 年，一个很多大城市用户从没玩过的应用"快手"，一跃成为流量仅次于微信、QQ 和微博的第四大手机应用，与拼多多、趣头条等同样定位下沉市场的应用一起，呈现出一个与豆瓣、知乎格调迥异的网上中国。

我国五线城市以及农村人口占总人口的比例超过一半。14 亿人中有多达 8 亿多仅有初中及以下学历，其中近一半是网民。当机场安检的队伍排成长龙的时候，经济学家李迅雷却发现，中国至少还有 10 亿人没坐过飞机，5 亿人没用上抽水马桶[152]。自媒体人沈帅波感慨，"在中国，再众所周知的事情，都起码有 1 亿人不知道，而大多数时候，是 10 亿人都不知道"。当高铁已把相隔千里的北京和上海紧紧相连时，中间跳过的是被快手占领的中国农村；当"中国天眼"已将目光投向百万光年外的宇宙，与其咫尺之遥的地方还住着一生从未走出过大山的农民。中国很大，我们走过的其实很小；大数据很大，我们拥有的其实很少。

在移动互联网时代，拥有一部能接入互联网的智能手机的门槛已经大大降低，由基础设施和终端设备造成的数字鸿沟正在不断缩小。但不同收入水平和受教育程度的人群在获取和利用数据的能力上仍差异显著，因此人们所分享到的"数据红利"也天差地远。数字鸿沟的问题已越来越不容忽视。

一个数据集，无论它多大或者多小，其自身都不会带来任何价值，数据实现价值的关键在于利用。如果不提高普通大众利用数据的能力，他们面对浩如烟海的大数据将无能为力。因此，培养成年人和青少年的数据意识和技能至关重要，美国、英国、日本和新加坡等国都已将编程教育纳入小学课程。不断学习和提升运用计算机的能力，以及运用数据的能力，将贯穿人的一生。

数据流动

数据只有跨越层级、组织和地域的边界流动，才能释放出其潜在价值。人类正进入一个愈加复杂和多样的世界，多种思潮和争端伴随着信息爆炸扑面而来。然而，纷纷扰扰的国际形势，不能掩盖和平、发展、合作、共赢的时代主流，世界各国经济与社会日益呈现出利益交汇、相互依存的态势。全球化已经进入了一个以信息、思想和知识流动为特征的新阶段，而数据的流动是以上这一切流动的基础。仅 2014 年一年，跨境数据流动就为全球经济创造了 2.8 万亿美元的价值，对于经济增长的贡献已经超过跨境贸易。

2018 年 7 月，谷歌、脸书、微软和推特四大互联网巨头联合发起了一项数据转移项目，旨在增强平台之间的数据流动，允许用户将数据在不同服务平台之间直接转移。欧盟《一般数据保护条例》也通过了数据可移植性（Data Portability）等方面的条款，在促进数据流动与保护数据安全之间，以及在保持商业活力与监管规范市场之间寻求平衡之道。

但与此同时，由于不同国家在数据主权和网络空间主权问题上的立场和观点各异，有关数据流动的话题仍充满争论。大数据时代，各国的命运愈加休戚相关，没有哪个国家能够独善其身。如何让大数据在无伤害原则下尽可能流动起来，提升人类的共同福祉，还需要各国政府、市场以及公众的共同参与和协作。

数据安全

数据安全是利用数据产生价值的基本保障。自从 70 多年前"信息论之父"克劳德·香农的论文《保密系统的通信理论》发表以来，信息和数据安全的内容不断扩充，技术不断迭代，而大数据时代的到来则为数据安全带来了前所未有的挑战。

当前，数据安全已经不再局限于数据的保密性、完整性和可用性，一系列新问题需要直面。依靠对数据画地为牢来保障安全已经毫无意义，如何平衡数据流动与数据安全？除了防止数据被非法获取的传统做法之外，如何防止数据的污染、滥用以及误用？在大数据时代，数据生成 / 获取、存储、处理、利用、流通、管护、销毁的全生命周期中涉及的主体更多，面临的情况更复杂，每一个环节都存在数据失控的风险，在这样一个相互依赖的数据生态中，各个利益相关方应该如何保护自己和伙伴的数据安全呢？

未来，大数据的增长将极大地依赖于物联网的发展。物联网涉及的利益相关方多、节点分布广、数据体量庞大、数据类型多样且应用环境复杂，还将对数据安全构成更大挑战[153]。

随着各行各业的数字化转型，作为基本的生产资料，数据跨越组织和行业的边界进行流动将变得更为普遍，数据安全问题已无法依靠任何一方的力量来解决。保障数据安全作为一项系统工程，有赖于政府、企业、行业组织和研究机构等各个利益相关方的参与和协同治理，以提升全社会的数据安全水平。保障数据安全也不能仅仅寄希望于技术手段，治理体系和管理手段也至关重要。

11.3 什么不应该被改变

人的意志

坊间曾流传过这样一个笑话，说某互联网电影公司高管在行业会议上发言："通过大数据挖掘，我们发现了不同电影观众的卖品偏好，比如《芳华》的观众比《战狼 2》的观众消费了更多的热饮"。其实，《芳华》的观众不仅比《战狼 2》的观众更爱喝热饮，也更爱穿厚衣服，因为前者的上映时间在冬天，后者则在夏天。同样，当一个音乐 App 发现用户有一天把一首情歌循环听了几十遍时，不一定是他那天有什么特别的情愫，可能只是因为他专注于工作而忽略了音箱里在放什么歌；当一个支付软件发现很多人的旅行支出明显下降时，也并不一定是因为他们都成了"御宅族"，而可能只是因为单位要求他们必须用公务卡结算差旅支出。

当我们拥有了数据，仿佛我们的结论就有了先入为主的、无可辩驳的正确性，其实却可能谬以千里。毕竟，大数据并不等同于事实本身。大数据自身可能不全面、不及时，甚至不准确，大数据分析的结果也很可能被误读、被扭曲甚至被操纵。"让数据自己发声"[32]的理想离现实还有很大距离，对大数据绝不能盲目迷信。

"我看过沙漠下暴雨，看过大海亲吻鲨鱼，看过黄昏追逐黎明，没看过你"③。数据也许比你更了解这个世界，但数据未必比你更了解你自己；数据也无法钻进人的大脑，无法解释和操纵人类的自由意志。数据可以让人从简单重复的劳动中解放出来，让人去做他们更擅长也更喜欢的事，但数据不能也不应取代人的思想。即便一个摄像头每天 24 小时跟着你，它也无法知道你每一次行动的理由和意图，技术的进步不能终结人类的意义世界[154]。

"要敢于运用你的理智（Dare to Know）"，这是启蒙运动的口号，"启

---

③　《奇妙能力歌》，陈粒作词、作曲并演唱。

蒙就是人类脱离自己所加之于自己的不成熟状态，不成熟状态就是不经他人的引导，就对运用自己的理智无能为力"（康德）。在大数据时代，"他人"已经升级成了技术或是掌握技术的"他人"，人类的自由意志正面临前所未有的挑战。

人的温度

几年前在一部广受好评的公益广告里，一位小女孩晚上骑车回家经过一条胡同的时候，一位路边摆摊卖小吃的大爷特意打开了灯，将小女孩要经过的那段路照亮[155]。"在我们这条街的尽头，在公寓楼、裁缝店、我家的房子、洗衣店、比萨屋和水果摊的前面，有 12 个孩子正在人行道上玩，他们同时也在 14 个大人的视野之内"。街角巷口的小店老板，既是街道的"安全眼"，也是居民的老朋友。电子地图虽能让我们从上帝视角俯瞰大地，却无法照顾到每个人的内心世界；遍布街角的摄像头虽然能事后回看，却无法取代邻里之间的守望相助。

在大数据时代，人的温度不应退场。美国哲学家刘易斯·芒福德曾经呼吁："必须以有机的生命世界观替代机械论的世界观，把现在给予机器和电脑的最高地位赋予人[156]。"

人的尊严

德国诗人荷尔德林曾写道，"总是使一个国家变成人间地狱的东西，恰恰是人们试图将其变成天堂"。历史学家尤瓦尔·赫拉利在《今日简史》中就曾警告，2050 年我们可能迎来数据霸权的时代，算法可以预测一切，算法可以自己迭代，算法可以替代我们进行决策[157]。如果这一天真的到来，小说《1984》中虚构的监控无所不在的场景会不会成真？如果一个社会的普适记录能力被集中控制，那它也可能走向平权社会的对立面——极权社会[82]。在一个"天网恢恢"的时代，"可以大规模地、持续地在公共场合获得一个人的照片，而且不需要经过当事人的同意，甚至在当事人毫不知情的情况下就能获得数据"[82]。这种能力，历史上的任何力量都未曾具备过。

"如果想要创造一个更美好的世界，关键就是要释放数据，给它们自由"[158]。当数据获得了最大的自由，人的自由还有多少？社会学家孟德斯鸠曾说道，"有权力的人往往使用权力，一直到遇有界限的地方才停止"。当有些机构开始用智能手环监督环卫工人，当有些地方准备用征信制度限制劳动者频繁跳槽时，我们需要停下来思考一下，采集数据的权力是否应该有边界？如果有，这条边界应该画在哪里？大数据时代的法治建设亟须对这些问题做出回答。

11.4　改变是为了什么

在 1998 年上映的电影《楚门的世界》中，男主人公楚门自从出生起就生活在一个巨大的摄影棚中，他身边的亲朋好友全都是演员，他每天生活的一点一滴被几千台摄影机记录并向全国直播。故事的最后，主人公冲破重重险阻，奔向了那个并不美好但却真实的世界。在"大数据"概念还未诞生的年代，这部电影就用一种寓言式的叙事方式提出了这样一个问题：技术的发展到底是解放还是束缚了人类？

当技术把人类从枯燥的、繁重的、机械式重复的劳动中解放出来之后，人类是否真的能够完成马克思所说的从"劳动的异化阶段"到"劳动的自我复归阶段"的升华？未来的人会不会仅仅满足于大数据的一切"贴心"推荐，天天吃饱喝足在阳光下打盹？或是为了反叛而反叛，只因受够了"市民生活中的阴郁和社群感的缺乏"[159]？尼采、黑格尔和福山笔下的"最后的人"也许会过上一种身体上安全、物质上满足但精神上没有追求的生活，对此我们应该感到幸运还是恐惧？

康德曾说："人就是人，而不是达到任何目的的工具。"在大数据时代，人会成为自己还是成为工具？大数据的未来会走向"数据主义"、视一切为数据、以数据为中心[160]，还是会以人为中心、维护人的自由和尊严、促进人的全面发展、满足人对美好生活的向往？时代把这些问题抛回给了我们自己，把对未来的责任压在我们每一个人的肩膀上。

作家阿尔贝·加缪的一句话也许可以用来回答上面这些问题："对未来最大的慷慨，是把一切献给现在。"

参考文献

［1］人民网. 2018 数博会：大数据打开改造世界新大门 [EB/OL].（2019-06-02）.

［2］涂子沛. 数据之巅：大数据革命，历史，现实与未来 [M]. 北京：中信出版集团，2014.

［3］Goodall R, Fandel D, Allan A, Landler P, Huff H. Long term productivity mechanisms of the semiconductor industry[J]. Semiconductor silicon 2002 proceedings, 9th edn. Electrochemical Society, 2002.

［4］CNN. The Staggering Pace of Technology[EB/OL].（2010-08-31）.

［5］驱动之家. Intel 10nm 亮剑，轻薄本迎来全"芯"时代 [EB/OL].（2019-03-01）.

［6］中国民航网. 东航让"不会说话的旅客"能全程"开口"了！[EB/OL].（2019-01-29）.

［7］新浪体育. 解密中国男足为何亚洲杯训练穿"胸罩"（图）[EB/OL].（2015-01-09）.

［8］中国新闻图片网. 郑州东站：全国铁路第一款人像比对警务眼镜投入实战 [EB/OL].（2018-02-05）.

［9］电商报. 饿了么：菜场不改变，我就改变菜场！再改变对手！美团：我也是！[EB/OL].（2019-04-03）.

［10］信息时报. 男人一看球，女人就购物？[EB/OL].（2012-06-22）.

［11］经济观察网. 拥抱大数据时代华师大校园饭卡显关爱 [EB/OL].（2013-07-22）.

［12］涂子沛. 大数据 [M]. 桂林：广西师范大学出版社，2015.

［13］中国政府网. 习近平主持中共中央政治局第二次集体学习并讲话 [EB/OL].（2017-12-09）.

［14］人民网. 浙江加快推进"最多跑一次"改革综述 [EB/OL].（2017-06-05）.

［15］金华房产，搜狐网. 无证明办理公积金业务！这 18 项证明现已全部取消 [EB/OL].

（2019-03-15）.

［16］澎湃新闻. 重要场合，上海市委书记李强释放长三角一体化重磅信号 [EB/OL].
（2018-03-08）.

［17］上海发布. 一体化进入快车道！李强接受长三角党报联访，6000 字详解"上海会
议"成果落实 [EB/OL].（2018-06-12）.

［18］郑跃平，梁春鼎，黄思颖. 我国地方政府政务热线发展的现状与问题——基于 28
个大中城市政务热线的调查研究 [J]. 电子政务，2018（12）：2-17.

［19］韦露，郑跃平. 美国 311 政务热线研究综述 [J]. 电子政务，2018，192（12）：
43-51.

［20］吴海山，王翔."空城"研究：城市空置住宅区量化分析 [J]. 行政改革内参，2016
（6）.

［21］王翔，郑磊. 面向数据开放的地方政府数据治理：问题与路径 [J]. 电子政务，
2019，194（2）: 27-33.

［22］南方周末. 大数据反腐：两个库一撞，疑点就出来了 [EB/OL].（2019-06-08）.

［23］人民日报."数据铁笼"让监督执纪快而准 [EB/OL].（2018-04-17）.

［24］中国政府网. 李克强：把行政执法权力关进"数据铁笼" [EB/OL].（2015-
02-15）.

［25］王翔. 通往数字时代的智慧治理之路 [J]. 环球财经，2018（2）：42-47.

［26］新华网. 习近平：上海要继续当好改革开放排头兵、创新发展先行者 [EB/OL].
（2015-03-05）.

［27］复旦大学数字与移动治理实验室. 2019 中国地方政府数据开放报告 [R/OL].
（2019-05-25）.

［28］郑磊. 开放的数林：政府数据开放的中国故事 [M]. 上海：上海人民出版社，
2018.

［29］Adopt a Hydrant 官网 [EB/OL].（2019-04-08）.

［30］俞可平. 治理与善治 [M]. 北京：社会科学文献出版社，2000: 4.

［31］搜狐网. 前沿 | 用大数据关注留守儿童，东大学子获最佳设计奖 [EB/OL].（2017-
12-05）.

[32] 迈尔 - 舍恩伯格，库克耶. 大数据时代——生活、工作与思维的大变革 [M]. 盛杨燕，周涛，译. 杭州：浙江人民出版社，2013.

[33] 光明日报. "反向春运"：阖家团圆新趋势 [EB/OL].（2019-01-25）.

[34] 中国交通新闻网. 不变的春运，渐变的"印象" [EB/OL].（2019-03-04）.

[35] 杭州市发展和改革委员会，杭州市数据资源管理局. 杭州城市数据大脑规划 [Z]，2018-04-13：3.

[36] 杭州网. 城市大脑交出年度报告：22 公里长中河上塘高架车行时间节省近 5 分钟 [EB/OL].（2017-10-12）.

[37] 杭州网. 120 急救车一路绿灯这背后是杭州试点一年的"城市大脑"交通模块 [EB/OL].（2017-10-10）.

[38] 杭州市公安局. 重磅来袭：城市数据大脑 V2.0 在 2018 云栖大会首发 [EB/OL].（2018-04-03）.

[39] 高德地图. 2016 年度中国主要城市交通分析报告 [R/OL].（2017-01-10）.

[40] 菜鸟网络，交通运输部科学研究院，阿里研究院. 2017 中国智慧物流大数据发展报告 [R/OL]（2017-03-29）.

[41] 中国大物流网. 物流智能化已是大势所趋 菜鸟如何顺势而为？[EB/OL].（2016-08-22）.

[42] 罗超频道. 参观菜鸟自动化仓库，它或许代表了物流和电商的未来 [EB/OL].（2016-08-22）.

[43] 物联云仓. 年省 6.1 亿！菜鸟网络智慧物流瞄准数据和算法 [EB/OL].（2016-08-08）.

[44] 张鹏顺. 大数据时代旅游产业的发展：挑战、变革与对策研究 [M]. 镇江：江苏大学出版社. 2017：20.

[45] 腾讯网. 马蜂窝都斌：大数据如何驱动业务增长？[EB/OL].（2018-08-03）.

[46] 奇创. 旅游与大数据专题研究 [EB/OL].（2019-07-03）.

[47] 王强. 衢州教育借大数据"变道超车" [N]. 中国教育报，2018-03-28（001）.

[48] 方海光. 教育大数据：迈向共建、共享、开放、个性的未来数据 [M]. 北京：机械工业出版社，2016.

[49] 美通社. 学堂在线用户破千万 清华名师助推优质教育资源共享 [EB/OL].（2018-03-21）.

[50] 青海热线官方，搜狐网. 十大案例剖析教育大数据价值挖掘 绘就教育革新路线 [EB/OL].（2017-12-19）.

[51] 王家源，梁丹，林焕新. 规范校外线上培训迈出关键一步——专家解读《关于规范校外线上培训的实施意见》[N]. 中国教育报，2019-07-16（001）.

[52] 新浪博客. 学以"适"用——高等教育领域自适应学习的案例分析第一章 [EB/OL].（2014-07-25）.

[53] 雷锋网. 乂学教育松鼠 AI 首席科学家崔炜：用 AI 将个性化学习规模化 [EB/OL].（2018-07-03）.

[54] 论答人工智能学习系统，搜狐网. 实现"因材施教"，自适应学习是终极解决方案？[EB/OL].（2019-06-28）.

[55] 作业帮. 作业帮简介 [EB/OL].

[56] 北京师范大学.《全国中小学生在线学情分析报告（减负增效专题）》于北师大发布 [EB/OL].（2019-05-17）.

[57] 陆以勤. 华南理工大学科研大数据实践 [J]. 中国教育网络，2017（10）: 26.

[58] 东华大学. 实验室管理手段创新带来的"实惠"——材料学院智能实验室管理系统开发与实践纪实 [EB/OL].（2010-11-30）.

[59] 网络大数据. 带你用大数据寻找"最孤独的人"[EB/OL].（2016-04-18）.

[60] 甘甜. 推动"大数据"与教育深度融合——访江西省教育管理信息中心主任徐峰 [J]. 江西教育，2018（1）: 20-22.

[61] 澎湃. 大数据"精准扶贫"，南京理工大学"偷偷"给贫困生饭卡充钱 [EB/OL].（2016-03-24）.

[62] 王叁寿. 大数据商业应用场景 [M]. 北京：机械工业出版社，2016: 155.

[63] 杜占元. 发展教育信息化推动教育现代化 2030[J]. 中国农村教育，2017（5）: 11-12.

[64] 中华人民共和国教育部. 教育部关于印发《教育信息化"十三五"规划》的通知 [EB/OL].（2016-06-23）.

[65] 新华网. 习近平：把人民健康放在优先发展战略地位 [EB/OL].（2016-08-20）.

[66] 中国产业经济信息网. 健康医疗大数据已成新经济增长点 [EB/OL].（2019-04-05）.

[67] 乙图，搜狐网. 一对独居老人死家中数日才被发现，长子就住在对面小区 [EB/OL].（2018-08-23）.

[68] 亮哥说养老，搜狐网. 老龄化加深！2018 年末我国 60 岁以上老年人口 24949 万人 [EB/OL].（2019-01-22）.

[69] 新互联网时代，搜狐网. 中国空巢老人的痛处，如何解决他们的心理问题 [EB/OL].（2018-07-17）.

[70] The Japan Times. Utilities can help save Japan's elderly[EB/OL].（2018-04-12）.

[71] 王晓易. 大数据支撑：养老产业拥抱"智能 +"时代 [J]. 现代养生，2018（4）: 7-8.

[72] 新华网. 习近平总书记在 2017 年春节团拜会上的重要讲话温暖人心催人奋进 [EB/OL].（2017-01-27）.

[73] 当代先锋网. 大健康管理：大数据时代的"治未病"模式 [EB/OL].（2016-07-09）.

[74] 医疗器械经销商联盟，搜狐网. 深圳一些医院开始通过引入科技设备打造"智慧医院"[EB/OL].（2018-06-19）.

[75] 宋波，朱甜甜，于旭，et al. 医疗大数据在肿瘤疾病中的应用研究 [J]. 中国数字医学，2017（8）: 35-37.

[76] 中国青年报. 医患变形记 [EB/OL].（2009-09-14）.

[77] 人民网. 武汉中心医院打造未来医院实现线上就医全流程服务 [EB/OL].（2019-03-28）.

[78] 陕西传媒网. 挂号难看病难患者体验差！在家里能看病你体验了吗？[EB/OL].（2019-04-17）.

[79] 腾讯科技. AI 时代《看得见的未来》讲述智慧医疗"现在进行时"[EB/OL].（2019-04-17）.

[80] 南方网. 机器人配药、刷脸就诊…深圳医院里的这些"黑科技"你见过么？[EB/

OL]. （2018-03-15）.

[81] 人民日报. 更好满足人民群众需求：全面提升公安工作法治化水平（新知新觉）[EB/OL]. （2019-07-31）.

[82] 涂子沛. 数文明：大数据如何重塑人类文明、商业形态和个人世界 [M]. 北京：中信出版社，2018.

[83] Evening Standard. We're watching you : Britons caught on CCTV 70 times a day[EB/OL]. （2013-03-03）.

[84] IHS Markit. Video surveillance as a service（VSaaS）-2018 edition [R/OL]. （2018-07）.

[85] 史友兴. 家门口摄像头引发的侵权官司 [N]. 检察日报，2017-11-08.

[86] 每日商报. 8000 多辆公交车年底前安装监控设备知道公交车上 4 个摄像头的"分工"吗？[EB/OL]. （2014-09-21）.

[87] 山西晚报. 临汾公交车装摄像头抓拍违章，11 天拍下 230 余辆车占公交道 [EB/OL]. （2016-12-20）.

[88] 南报网. 南京女子深夜遭摩抢，私家车行车记录仪助破案 [EB/OL]. （2016-09-06）.

[89] 新华网. 泉州：公安机关整合社会视频监控资源，倾力打造"雪亮工程"[EB/OL]. （2016-11-24）.

[90] 新闻晨报. 新能源车开"黑车"沪牌或被收回 [EB/OL]. （2016-06-23）.

[91] 钱江晚报. 高速抓拍神器 5 天抓拍 4000 起 [EB/OL]. （2017-06-06）.

[92] 全成浩，李松岩. 车辆、手机轨迹求证法研究 [J]. 湖北警官学院学报，2013（12）：29-32.

[93] Gonzalez M C, Hidalgo C A, Barabasi A L. Understanding individual human mobility patterns[J]. Nature, 2008, 453(7196): 779.

[94] New Scientist. CCTV footage shows London suicide bombers[EB/OL]. （2005-07-13）.

[95] The Washington Post. Police, citizens and technology factor into Boston bombing probe[EB/OL]. （2013-04-20）.

[96] NBC Bay Area. Facial recognition, once a battlefield tool, lands in San Diego County[EB/OL].（2013-11-07）.

[97] 钱江晚报. 4600 天后震惊杭城的之江花园别墅凶案告破 [EB/OL].（2016-06-11）.

[98] The New York Times. What we know about Joseph DeAngelo, the golden state killer suspect[EB/OL].（2018-04-26）.

[99] 人民网. 习近平：深化金融供给侧结构性改革增强金融服务实体经济能力 [EB/OL].（2019-02-24）.

[100] 白培新. 云计算，理想与现实——我所经历的"余额宝"的那些故事 [J]. 程序员，2014（5）: 28-35.

[101] 新浪科技. 范驰在 2014 中国互联网大会上的演讲 [EB/OL].（2014-08-28）.

[102] 科技快报网. 中国金融科技创新企业估值排行榜今日发布 [EB/OL].（2018-04-02）.

[103] 阿里研究院. 互联网 + ：从 IT 到 DT[M]. 北京：机械工业出版社，2015: 74.

[104] 阿里研究院. 案例说 | 海澜之家的新零售之路 [EB/OL].（2019-01-31）.

[105] 凤凰科技. 马云参观海澜集团后，要将其 5000 家线下店进行智慧升级 [EB/OL].（2017-08-30）.

[106] 昆明日报. "一部手机游云南"成旅游转型升级新引擎 [EB/OL].（2019-02-12）.

[107] 李军. 实战大数据：客户定位与精准营销 [M]. 北京：清华大学出版社，2015: 133.

[108] 陈雨凌. 从《白夜追凶》的成功看大数据在网络自制剧中的应用 [J]. 新闻传播，2018（11）: 51-52.

[109] 徐一超. "咕咚运动"与健身的现代性 [J]. 天涯，2016（4）: 43-45.

[110] 咕咚. 咕咚简介 [EB/OL].（2019-06-25）.

[111] 中国互联网络信息中心. 第 43 次《中国互联网络发展状况统计报告》[EB/OL].（2019-02-28）.

[112] 海天理财. 一本书读懂大数据商业营销 [M]. 北京：清华大学出版社，2015: 5.

[113] 人民网. 个人信息保护法已列入立法规划（"浏览器主页劫持"报道追踪）[EB/OL].（2019-06-05）.

[114] 人民网. 有关科技创新，习近平总书记这些金句值得回味 [EB/OL].（2018-06-08）.

[115] 经济观察报. 在东莞、佛山寻找中国制造的本相：替日本生产马桶盖、酱油生产线靠进口 [EB/OL].（2019-05-18）.

[116] 中国大数据产业观察网，搜狐网. 世界 500 强美的大数据建设的启发 [EB/OL].（2017-08-16）.

[117] 财经. 美的：八年百亿投资，数字化如何重塑家电巨头 [EB/OL].（2019-06-04）.

[118] CIO 时代网，搜狐网. 大数据正在改变制造过程的三种方式 [EB/OL].（2018-04-04）.

[119] 贵阳网. 贵阳娃哈哈实施"大数据 + 传统产业"试点改造推进企业节能增效 [EB/OL].（2017-09-15）.

[120] 爱范儿. 我们去了一趟 OPPO 的工厂，发现造一部 Reno 手机并不简单 [EB/OL].（2019-04-28）.

[121] 科技日报. 巨头转型：未来，做一个智能"码头医生" [EB/OL].（2017-07-05）.

[122] 新华网. 三一重工"挖掘机指数"告诉你不一样的中国经济 [EB/OL].（2015-12-21）.

[123] 机器人库，搜狐网. 机器人来了！杭州工厂里大批人工智能开始替代人力 [EB/OL].（2019-03-05）.

[124] 中财网. 国内机器人产业将形成百亿级公司 市场或过千亿 [EB/OL].（2014-11-28）.

[125] 和讯科技. 探秘长虹"无人工厂"：告诉你什么是真科技 [EB/OL].（2014-10-31）.

[126] 工作家 iWorker，搜狐网. 云 ERP+MES 打通制造业的"任督二脉" [EB/OL].（2019-03-04）.

[127] 网络大数据. 工业大数据应用的四大挑战 [EB/OL].（2019-05-31）.

[128] 腾讯研究院. 中国制造业的互联网化、数字化、智能化路径探索 [EB/OL].

（2019-01-31）.

[129] 光明日报. "绿水青山就是金山银山"发展理念的科学内涵 [EB/OL]. （2018-05-09）.

[130] 今日新闻. "想企业所想，急企业所急"——市城市节水办为何得到这样的评价？[EB/OL]. （2018-05-20）.

[131] 成都日报. 成都启动"2018 年全国城市节水宣传周"活动 [EB/OL]. （2018-05-14）.

[132] 开天源水务信息化，搜狐网. 绍兴市利用大数据技术破解供水漏损控制难题引领行业发展 [EB/OL]. （2019-03-22）.

[133] 崔毅. 农业节水灌溉技术及应用实例 [M]. 北京：化学工业出版社，2005.

[134] 康绍忠，李永杰. 21 世纪我国节水农业发展趋势及其对策 [J]. 农业工程学报，1997（4）：1-7.

[135] 农民日报. 江苏新沂市："数据"让新沂农民"慧"种地 [EB/OL]. （2019-04-26）.

[136] 农业科技报. 精准农业有了高科技管家 [EB/OL]. （2019-04-16）.

[137] 孟山都公司. 有一种较真叫做"精准灌溉" [EB/OL]. （2016-06-07）.

[138] 中国农业新闻网. 江苏率先构建省级土壤墒情监测系统 [EB/OL]. （2019-05-17）.

[139] 胡勘平. 望得见山，看得见水，记得住乡愁——2013 年中国生态文明建设述要 [J]. 中国三峡（人文版），2014（2）：50-51.

[140] 中国科学报. 大数据技术助力重庆"海绵"城市建设 [EB/OL]. （2018-07-09）.

[141] 中国经济网. 王召明委员：生态文明建设需要大数据支撑 [EB/OL]. （2017-03-10）.

[142] 波士财经. 全国首个省级生态环境大数据平台福建落地 [J]. 福建轻纺，2018（4）：25-26.

[143] 中国环境报. 福建：数字生态引领环境管理提"智"增效 [EB/OL]. （2019-04-23）.

[144] 贵州贵安新区管理委员会，搜狐网. 贵安新区：大数据监管环境 [EB/OL].

（2017-07-08）.

[145] 人民日报. 成都高新探路垃圾分类：走出大数据监管＋积分制的智慧路径 [EB/
OL].（2018-04-16）.

[146] 环球网科技. 数据显示使用快的滴滴每年可减少碳排放 729 万吨 [EB/OL].
（2015-03-03）.

[147] 上海金融与法律研究院. 数据与城市正义：回龙观居民"身体被掏空"问题如何
解决 [EB/OL].（2018-07-03）.

[148] 城市象限，搜狐网. 一条自行车专用路的诞生 [EB/OL].（2019-05-31）.

[149] Morgan J. A simple explanation of 'the internet of things'[J]. Forbes/
Leadership, 2014.

[150] Reinsel D, Gantz J, Rydning J. The Digitization of the World-From Edge to
Core，IDC（2018.11）.

[151] 中德工业技术，搜狐网. 百度吴恩达：GPU 是人工智能的驱动力 [EB/OL].
（2016-09-15）.

[152] 中国首席经济学家论坛. 李迅雷：中国有多少人没有坐过飞机——探讨扩内需的
路径 [EB/OL].（2019-01-09）.

[153] 规制与公法，搜狐网. 政府数据开放力作《开放的数林：政府数据开放的中国故
事（郑磊著）》[EB/OL].（2018-08-29）.

[154] 杨国荣. 论意义世界 [J]. 中国社会科学，2009（4）: 15-26.

[155] AC 编辑部. 整治"开墙打洞"，有必要一拆了之吗？[EB/OL].（2018-01-23）.

[156] Multhauf R P，Mumford L，The Myth of the Machine: The Pentagon of
Power (Book Review)[J]. Technology and Culture，1972，13(2): 295.

[157] 赫拉利. 今日简史 [M]. 北京：中信出版集团，2017.

[158] 赫拉利. 未来简史 [M]. 北京：中信出版集团，2017.

[159] 福山. 历史的终结与最后的人 [M]. 桂林：广西师范大学出版社，2014.

[160] 高兆明. "数据主义"的人文批判 [J]. 江苏社会科学，2018(4): 162-170.